▼チューリッヒでのランガナタン博士

日本での講演の記念に ▶
毛筆で書かれた五法則

▲執筆中のランガナタン博士（p.41 参照）

JLA
図書館実践シリーズ ………………

図書館の歩む道

ランガナタン博士の五法則に学ぶ

竹内悊 解説

日本図書館協会

**A commentary of *the Five Laws of Library Science*
　—What I Learned from Dr. Ranganathan**
(JLA Monograph Series for Library Practitioners ; 15)
Copyright: ©2010 by Satoru Takeuchi

The Main part of this book is an abridged, free translation of Dr. Ranganathan's *the Five Laws of Library Science*, 2nd edition. Translating the text and publishing it was approved by the Sarada Ranganathan Endowment for Library Science, Bangalore, India.

All the portraits in this book were offered by Mr. Ranganatha Yogeshwar, the son of Dr. Ranganathan, with his permission to print them in this book.

図書館の歩む道 ： ランガナタン博士の五法則に学ぶ ／ 竹内
悊解説. － 東京 ： 日本図書館協会, 2010. － 295p ； 19cm.
－ (JLA 図書館実践シリーズ ； 15). － 原著：The Five Laws of Library Science, 2nd. ed., by S. R. Ranganathan, 1957.
　－ ISBN978-4-8204-1000-3

t1.　トショカン　ノ　アユム　ミチ　a1.　タケウチ，サトル
a2.　ランガナタン，S.R. (Shiyali Ramamrita Ranganathan)
s1.　図書館学　①010.1

はじめに

　ランガナタン博士（Shiyali Ramamrita Ranganathan, 1892-1972）は，インドに生まれた国際的な図書館学者です。その最初の著作『図書館学の五法則』（*The Five Laws of Library Science*）は，世界の図書館界や情報管理の世界で重んじられてきました。本書はその第2版の大まかな解説書で，いわば「ランガナタン山」に登るときの，麓にある案内図としてご覧ください。

　初版は1931年の出版です。本書のよりどころとした第2版は1957年に出ました。そんな古い本にいったい何の価値があるのか，といわれるかもしれません。しかしこの原著の考え方とそれに基づく実践とは，今日もなお光を放っています。いや，さまざまな価値観から図書館が語られる今日だからこそ，この考え方を再検討する必要があるといえましょう。

　原著の初版を日本に紹介したのは，図書館学界の先達の一人，竹林熊彦氏で，1935（昭和10）年のことです。「これほどに手際よく図書館活動を鳥瞰的に叙述し，かつ熱意をこめたものを知らない」とたたえ，さらに1952年，五法則の各項目について紹介をされました。私がランガナタンの名前を初めて聞いたのは，その2年後，東洋大学の司書講習でのことでしたが，図書館通論や分類法の先生方が熱をこめてランガナタンの考えを説かれたのを忘れません。その後，多くの論文や図書館学概論，コロン分類法

に関する諸論文によってその業績が説き明かされ，図書館について学んだ人で，その名前を聞かない人はいない，というまでになりました。

　1950年代以降，それまでの「伸びたくても伸びられない」状況が変わり始め，この五法則の第一法則が示す《本は利用するためのもの》という考えが日本の図書館に根づき始めました。そして，《いずれの人にもすべて，その人の本を》という第二法則と，《いずれの本にもすべて，その読者を》という第三法則とが「図書館とは本を貸出すところ」という形でひろまり，さらにIT技術の採用によって，貸出手続きが簡単になりました。それは第四法則《読者の時間を節約せよ》を満足させたようにも見えます。しかし第四法則の意図するところは，貸出を簡単にして読者の便宜を図るとともに，それによって生み出された図書館員の時間と労力を，レファレンス・サービスの充実のために使うことでした。それによってはじめて第四法則を満足させることができるのです。そして第五法則は，そういう図書館の持つダイナミックな生命力を示し，人のために生きる図書館のありようを明らかにしています。

　そこで今日，私たちは，図書館とは何か，ということをさまざまな角度から考える必要に迫られています。この五法則は，それを考える大事な材料の一つです。1981年，京都大学の森耕一教授は，関西地区の図書館学の研究者の方々と，この原著の全訳を完成され，日本図書館協会から出版されました。これは細部に至るまで原著を忠実に日本語にうつした学術的労作で，図書館を考えるための大きな力でした。しかしこの本はすでに絶版です。そ

こで，これから図書館のことを学び，あるいは，学び直そうとする人のための平易な解説書の出版が企画され，その執筆の依頼を受けました。固辞しましたが，とうとうお引き受けすることになりました。それからは試行錯誤の連続です。大勢の方々のご助力をいただいて，今日，やっとこの形にまとまりました。

　本書が，図書館についてこれから学ぼうとされる方，実務経験を基礎に，もう一度考え直そうとする方々，地域の図書館の健全な発展を願う方々，学校図書館のことを考える方々にとって，五法則から図書館を考えるときの大まかな案内図になればと思います。さらに進んで，完訳書に至り，原著と取り組んで，ランガナタン博士の考えに直面していただきたい，と期待しています。もし身近な図書館が持っていなければ，図書館間相互貸出という方法もありましょう。

　本書がここに至るまでには多くの方々のお世話になりました。まずランガナタン博士のすべての著作の著作権を持つサラダ・ランガナタン図書館学基金は，五法則第2版の要約および解説の出版を快諾されました。博士の令息ヨーガシュワリ氏は，1970年にたった一度飛行機に乗りあわせただけのかかわりながら，自著や博士の写真，私の質問への返事など，さまざまに力を添えてくださいました。かつて川田熊太郎先生は，原典を読むのには注釈書に頼ってはならない，始めはわからなくても，原著自身と取り組んで，徐々に自分の理解を広げるのだ，と教えてくださいました。それをうかがってからもう60年になります。そのお言葉を守りながらも，私の思い違いや思い込みを正す大きな力を，森教授のもとで完訳をなさった渡辺信一，深井耀子，渋田義行の方々

のお仕事からいただきました。元・法政大学教授小川徹さんは，原稿を何度もご覧になって，貴重な助言をしてくださいました。成蹊大学で図書館学を担当される伊藤二郎さんは，本書の内容を支える先学の業績の収集に力を貸してくださいました。また，博士自筆の五法則が，仙田正雄先生の著作に掲載されていることを知らせてくれたのは千葉県立図書館の大石豊さんです。その転載の許可をいただくために，日本図書館協会・塩見昇理事長，元・日本図書館研究会事務局・遠藤眞次郎様，仙田先生ご子息雄三様のご配慮にあずかりました。

　そして多年にわたってこの老書生を支えてくださった，日本図書館協会事務局長・松岡要さん，出版委員会委員・松島茂さん，試行錯誤と彷徨とにお付き合いくださった協会出版部の内池有里さんに厚く御礼申し上げます。この方々のお力がなければ，本書は生まれませんでした。

2010年4月30日

竹　内　悊

凡例

1. 本書は原著をほぼ 1/3 に圧縮しました。割愛した部分は：
   1-1　原著の第 8 章。そのうち図書館学の五法則の補足は，それ以前の各章の末尾に付け加えました。
   1-2　原著の中で，1930 年代のインドの読者にのみ意味のある部分，今日の日本の読者には必ずしも必要とは思われない部分，現在の図書館の状況から見て，説明を要しない部分など。
   1-3　割愛ないし省略した部分の章・節の記号は，その解説部分の末尾に表示しました。

2. 原著の姿を伝えようとした部分
   2-1　原著の章と節とは，その記号とともにできる限り収録しました。
   　　　小節は，その見出しをゴシック体とし，その要約文の末尾に原著の記号を示しました。これによって，本書と完訳書と原著の章節を結ぶことができます。
   　　　例：**現代の図書館長**　【127 節】　または【121-126 節】
   2-2　小節の中の「細目」の記号は省略し，その見出しの文字をゴシック体に代え，要約文の中に含めました。
   　　　例：図書館員には当然**学識**が必要に…
   2-3　数字の意味について
   　　　章や節の頭の数字は順序数ではなく，次の意味を構成するものです。
   　　　20 ⇒ 2 の 0：第 2 章の総括の意

21 ⇒ 2の1：第2章の第1節
　　　211 ⇒　2の1の1：第2章第1節第1小節
　つまり，数字の数が少ないほど，そこで扱う内容の範囲が広く，増えると狭くなります。数字が途切れて，新しい数が始まる場合は，次の区分に移ったことを意味します，欠落ではありません。
2-4　要約文中の数的データ：すべて原著のままとしました。
2-5　要約文は，原著者の意図を，それぞれの項目ごとにできるだけ簡潔に表現しました。原著の意図を伝えることを目的としましたが，原文に忠実な翻訳書ではありません。
3．要約文中の用語
3-1　本：図書というよりも，日常語としての「本」を使いました。
3-2　読者：原著のreaderに従い，「読者」としました。
3-3　職員：「図書館員」とし，その略語として「館員」も使いました。
3-4　排列・排架：普通は配列・配架と書きますが，ここでは本やカードなどを「配る」のではなく，その「グループを作る」ことを意味します。それによって本を探しやすくし，また同じグループ内の本を比較することができます。そのため，その意味を含む「排」を使いました。
3-5　目録記入：本やその他の資料の特徴を記述する1単位。
　カード目録の場合は1枚のカード。

その実例：書名記入の一例

```
トショカン ノ アユム ミチ
 図書館の歩む道 ―ランガナタン博士の『五法則』
 から学んだこと― 竹内悊解説
  東京 日本図書館協会 2010
  295p. 19cm.（JLA 図書館実践シリーズ 15）
 原著：The Five Laws of Library Science, 2d. ed., by
 S. R. Ranganathan. Asia Publishing House, 1957
```

3-6　要約文中の記号

　《　》に入れた言葉は，五法則の意味の別な言葉での表現です。

　[1], [2], [3] などは要約文に対する解説者の補足あるいは注です。

　解説文中の英文イタリック書体は書名，その後の（SRR 著）はランガナタン博士の自著であることを示します。SRR は博士の名，**S**hiyali **R**amamrita **R**anganathan の頭文字で，博士自身も他の人びとも使っています。

目次

はじめに　3
凡例　7

I部　ランガナタンの世界 …… 17

●1章● 五法則とランガナタンの考え方 …… 18
1.1　五法則の概要　18
1.2　五法則の構造　18
1.3　五法則の表現法　23

●2章● 著者ランガナタン …… 28
2.1　数学の世界から図書館へ　28
2.2　マドラス州からインド全域に　32
2.3　インドから世界へ　35
2.4　ランガナタンの業績と努力　38
2.5　周囲の人たち　41
2.6　ランガナタンの教育観　45

●3章● ランガナタン略年譜 …… 47

contents

Ⅱ部　図書館学の五法則（原著本文の要約）…53

●第0章● すべての始まり……54
- 01　図書館長に就任　54
- 02　最初の経験　55
- 03　そのころの英国の図書館　55
- 04　科学的方法　56
- 05　五法則が生まれるまで　57
- 06　五法則の発表　58

●第1章● 第一法則……61
- 11　学問としての原理　62
- 12　第一法則の軽視　63
- 13　図書館の立地　64
- 14　開館時間　66
- 15　図書館家具　67
- 16　対話　67
- 17　図書館員　68
- 18　成果に飛びつくな　86
- 81　平凡な公理　86

●第2章● 第二法則とその苦闘……91
- 20　はじめに　92
- 21　上流人士と大衆　94
- 22　男性と女性　100

もくじ………11

目次

　23　都市の人と農村の人　　　104
　24　異なった条件の下にある人たち　　　114
　25　図書館の歌　　115
　26　陸と海　　116
　27　成人と児童　　118
　28　限りない民主主義　　120
　82　第二法則と，新しいタイプの本および実務　　121

●第3章● **第二法則とその浸透** ……………………128

　30　本章の範囲　　129
　31　北米大陸　　129
　32　南ア連邦　　135
　33　東ヨーロッパ　　137
　34　スカンジナビア　　143
　35　西ヨーロッパ　　147
　36　大洋州　　151
　37　アジア　　152
　38　インド　　153

●第4章● **第二法則とその意味** ……………………160

　40　本章の範囲　　161
　41　州の役割　　161
　42　州の図書館法　　171
　43　連邦図書館法　　171
　44　図書館システム　　172
　45　大学図書館システム　　175
　46　図書館主管当局の義務　　176

47 図書館員の義務　179
48 読者の義務　184

●第5章●　第三法則　191

50 この法則の性格と表現　192
51 開架制　193
52 本の排架法　195
53 目録　196
54 レファレンス・サービス　198
55 図書館サービスの入口－新聞雑誌室　200
56 広報　201
57 普及サービス　205
58 本の選択　208
83 第三法則とドキュメンテーション　209

●第6章●　第四法則　217

60 はじめに　218
61 「閉架」システム　219
62 本の排架と書架の配置　221
63 書架室内の案内　223
64 目録記入　225
65 書誌　227
66 レファレンス・サービス　229
67 貸出方法　233
68 職員の時間　234
84 第四法則と新しい図書館実務　237

目次

●第7章● **第五法則** ……………………………………… 245

- 70 はじめに　246
- 71 成長　247
- 72 目録室　251
- 73 分類体系　253
- 74 読者と本の貸出　255
- 75 図書館員　257
- 76 発展　260
- 77 基本的な考え方―活力の源泉　262
- 85 第五法則とその多様な意味　263

Ⅲ部　ランガナタン博士をめぐって …………… 275

- 1 令息との出会い　276
- 2 名前のこと　278
- 3 ランガナタンはわからない　279
- 4 インド人としての生活と思考　280
- 5 これからの「ランガナタン」　282

あとがき　287

索引　289

contents

掲載写真：

チューリッヒでのランガナタン博士	口絵
日本での筆跡（仙田正雄氏の著書『楢の落葉 －図書館関係雑文集』(1968年刊)から）	口絵
執筆中のランガナタン博士	口絵
在京館界指導者と博士	90
国立国会図書館での講演	90
インド最初の移動図書館車	216
講演中のランガナタン博士	274
ランガナタンの令息ヨーガシュワリ氏	286

（写真はすべてヨーガシュワリ氏の好意による）

第 I 部

ランガナタンの
世界

図書館学の五法則*
- 本は利用するためのものである。　　　　　Books are for use.
- いずれの人にもすべて，その人の本を。
　　　　　　　　　　　　　　　　Every person his or her book.
- いずれの本にもすべて，その読者を。　Every book its reader.
- 読者の時間を節約せよ。　　　　Save the time of the reader.
- 図書館は成長する有機体である。
　　　　　　　　　　　　　　　A library is a growing organism.

(*Ranganathan, S. R. *The Five Laws of Library Science.* 2nd ed. ⓒ 1963. p.9)

1章 五法則とランガナタンの考え方

1.1 五法則の概要

　ランガナタン博士は，図書館とは何か，人が生きてゆく上でどういう役割を果たすのか，を深く考えた人です。そのため，図書館の仕事を科学研究の方法論に基づいて観察し，自分の経験と，本と人とのかかわりの歴史と目の前の実体とを考えあわせて，その結果を26語の英文にまとめました。その考えの深さと表現の簡潔さとは，まさに天才の仕事です。

　しかしそのために，この26語ですべてだ，と思われがちです。実はこの五法則自体と著者によるその解説とは，何度読んでも読み尽くせない深さと広さとを持っています。その上この考えは，初版（1931年）以来ますます深められ，あらゆることが大きく変化した今日においても，なお大きな意味を持ち続け，さらに将来の発展の可能性を示しているのです。

1.2 五法則の構造

　この五法則は，ただ五つの項目が並んでいるのではありません。その基盤があり，その上に五法則が構築されているとみることができます。まずその構造を次ページの図でご覧ください。

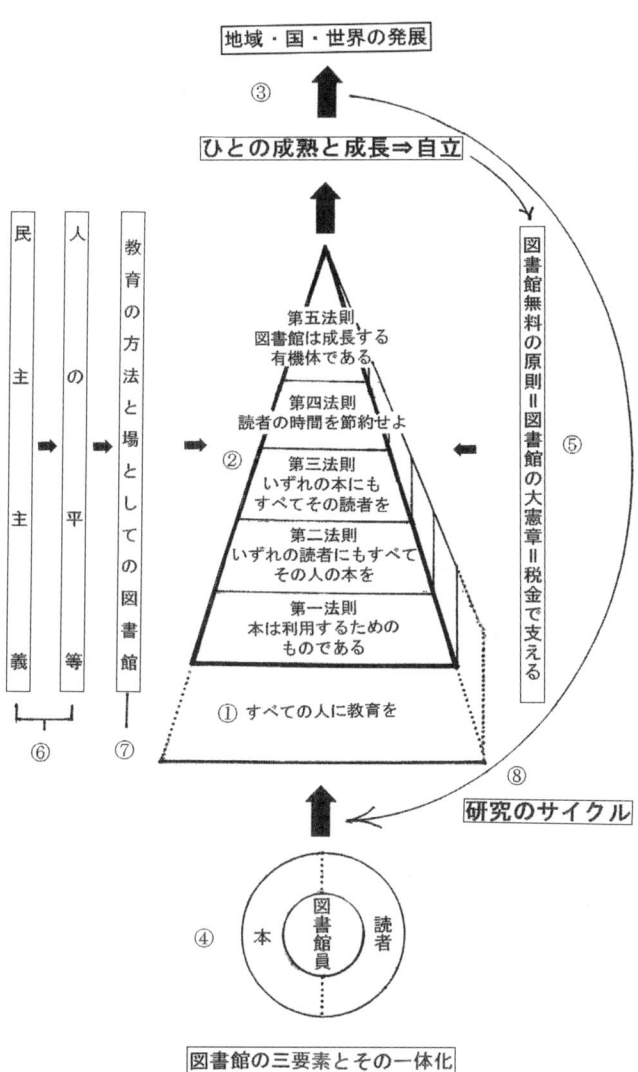

1章 五法則とランガナタンの考え方……19

ただしこの図は原著に出てくるものではありません。原著を繰り返し読むうちに，こういう構造が私に見えてきたのです。そして，このように考えれば，ランガナタンの意図に近づくことができると思いました。それをここで参考に供します。どうぞ批判的にご覧ください。

①　五法則の構造を示す三角錐の下に，《すべての人に教育を》とあります。これは五法則を支える隠れた基盤といえましょう。原著はこれが基礎であり，本はそのために使うものだ，と繰り返し述べています。「教育」というと，学校で先生から教えを受ける，というイメージがありますが，ここでの「教育」は，もっと広く，人の成熟と成長への援助とを意味します。ランガナタンは，すべての人に教育を受ける権利があり，また教育を受ける能力を持つと考えました。そして人びとが情報や知識を自由に手に入れ，それによって考え，自分の成熟・成長を図る。みんながそうなることによって民主主義社会が成立する。知識を教え込み，それを覚えさせることだけが教育ではない，といいます。これが図書館学の五法則全体を貫く考えです。
②　この上に五法則がきます。第一法則の《本は使うもの》とは広い意味での教育のためです。誰もが教育を受け，それによって自分を育て，その人らしく生きていくことが第一法則の大きな目的で，この五法則全体を含む基本的な考え方です。そしてそれを実現するために第二から第四法則があり，第五法則に至って，人のために進歩し続ける図書館の姿が示されます。第二法則は，一人ひとりの多様な要求という面から図書館の本を考えます。第三法則は，本の

多様さを主とします。そして第四法則は，利用者からみての図書館の理想像です。本と人とを結ぶという仕事をできるだけ短い時間で的確に行うのには，本の選択から受入，整理，保存，提供に至る細かな仕事が確実に組織されていることと，情報や知識を扱う図書館員の学識と経験，センス，この仕事を通して人のために働くという熱意，これらが総合されていなければならないのです。

　第五法則は，図書館を《成長する有機体》，つまり生命体の一つだと主張します。はじめは人間と同じように，どんどん大きくなることの説明でしたが，そこから出発して今日では，地球上のあらゆる生物と同じように，進化と変容を繰り返して，人が生きることを支える存在だ，と考えるようになりました。

③　その図書館がめざすもの，それは人が情報や知識を自由に入手し，それによって自らの成熟と成長とを図って自立した人間となることです。しかし図書館はその目標に向かって人を引っ張っていくことはしません。そうすることができるように，一人ひとりに援助を提供します。それがその人たちの努力によって，地域，国，そして世界の発展につながっていくのです。

④　図書館の三要素としてランガナタンは，読者と本と，それを結びつけるために働く図書館員とをあげます。そして図書館をよくするのも悪くするのも，図書館員にかかっています。そこでランガナタンは，五法則の中で繰り返し，図書館員はいかにあるべきかを説いています。その図書館員が本と読者とを結びつけ，その結果がまた図書館活動に反映するのです。

⑤　図書館においては，本と読者との間に金銭を介在させてはならない，「これだけお金を払ったから，これだけのサービスが得られた」という仕事ではない，とランガナタンは主張します。情報や知識はすべての人が自由に使うべきものだからです。それは義務教育無料の考え方と共通です。この「図書館無料の原則」を彼は英国のマグナ・カルタになぞらえて，「図書館の大憲章」と呼びました。みんなが無料で図書館を使うためには，人びとがその能力に応じて公平に負担する「税金」によって支えるべきだ。その経費は一見大きいように見えるけれども，それによって人が育ち，地域のために働くことで，何倍かになって地域に返ってくる。そのことを深く認識しよう。ただしそれには「時間」が必要だ。図書館の管理・運営や図書館政策にかかわる人たちは，それを視野に入れた長い時間観を持つべきだ。人が情報や知識を自由に使うことができたら，まず人が生き生きとし，それによって地域が生き生きする。そのために図書館がある——ランガナタンはそう考えたのです。

⑥　図書館は民主主義と密接にかかわり，その基盤をつくるものです。この「民主主義」とは政治学上の概念というよりは，社会生活や人間関係に昔から存在する価値意識の一つで，ここでは「人の平等」という形で現れます。それは，上記の①にかかわります。

⑦　「人の平等」の上に立って，図書館の活動があります。それは，人がたくさんの本の中に入って，自分の考えと人の考えとを比べてみる場所です。学校教育の中では，一人の生徒が，授業で教えられたことを自分なりに理解するところ，つまり子どもたちにとっては自分の考えの実験室で

あり，また新しい想像と創造の世界への入口になるのです。それは学校教育においても，社会教育ででも，教育方法の一つとして位置づけることができるでしょう。また，一人でそれをする人は，自分を見つけるきわめて貴重な場になります。つまり図書館とは，単に本を並べて貸出すところではなく，人が情報や知識を賢く使って，その人らしく生きていくことを援助するという大きな目的と機能とを持つのです。

⑧　この五法則は，図書館を考える場合の研究のステップであり，またそのサイクルをも示します。つまり，第一法則から第五法則までのステップをたどっていくと，第五法則において他の教育・研究機関のあり方と比較し，そこから新しい仮説を生みます。その当否を確かめるために，第一法則にもどり，第五法則に至る過程を再検討します。そのサイクルで今後の図書館観を深めて，理論的根拠とサービスとを拡大することになります。

1.3 五法則の表現法

この五法則は，いかにもランガナタン博士らしい，独特の表現法で書かれています。また，その独特さが全体の理解を妨げることもあるようです。ここにはそのいくつかについて解説を試みたいと思います。

五法則の擬人化：五法則それぞれが人として表現されています。ことに対話の場合，相手が図書館のことを知らずに発言したり，自分の仕事に確信を持てなかったりする場合に，静

かにその考えを聞きながら，図書館が住民に対して持つ大きな意義を説く，穏やかで教養豊かな女性として表現されています。その法則を相手に押しつけるのではありません。これは，インドのあらゆる階層の人びとに図書館の意義を伝え，理解を生みだそうとする著者の願いの表れです。その基礎には，たとえばインド古来の学芸の女神，サラスヴァティ（日本では弁財天として財神とみられていますが）などのイメージがあると思われます。

本の擬人化：第三法則の《本が自分を読んでくれる人を見つける》という表現がこれです。もちろん図書館員が本の特徴を知り，それを読者に伝えるのですが，その一方で「ものであっても人格を持つ」という考え方の表れでもあります。これはランガナタンの「コロン分類法」の中の考えです。こういうふうに考えることによって，本というものの性格をより明らかにすることを考えたのでしょう。「もの」としてならばいつも同じ表現でよいのですが，「人格」を持つとなれば，時と場合によってその内容は変化します。「本」とはまさにそういうもの，つまり読者によって内容が変化するものなのです。この擬人化は，そういう本の一面を浮かび上がらせる効果を持ちます。

言葉の省略：五法則自体がきわめて短い言葉で表現されていることは前に述べました。第二法則と第三法則では，主語の後の動詞を省略しています。これもやはりインドの古典の表現法からのものですが，動詞を省略することによって，読者が自分でその文の意味を深く考えるという長所を持ちます。

もし著者が一つの動詞を使えば、読者はその言葉の範囲から出ようとはしません。図書館活動の実態はまことに多様ですから、一つに限定されると、解釈の自由が失われます。ランガナタンはこの点ですぐれた教師であり、また厳しい教え方をした人でした。

「法則」という表現：これは図書館実務の規範であって、法則と名づけるべきではない、という意見があります。それはこの言葉をどう解釈するかによりましょう。まず原文のLawsを法則と訳したのは、1981年の森耕一教授の監訳書から始まりました。それまでは原則とか五則とかいいました。森教授は、ランガナタンがニュートンの運動の法則を引いて説明していることと、五法則を考える過程が科学上の法則を発見する筋道と重なることから、この言葉を採用されたと思います。

その過程とは、問題の所在を確かめ、それについての現象や事実を集め、その根柢にあると考えられる法則を明らかにするため、帰納法を用いてそのデータを集約し、そこから仮説をたて、その正しさを実験や演繹法によって確かめ、その検証に耐え得たものを法則とみなすのです。この思考過程をランガナタン自身が説明していること、さらにこの五法則は将来の研究のための出発点となり、新たな解釈を生んで図書館に対する考察を豊かにする可能性を含むものであることを考慮されたのではないでしょうか。

図書館「学」の五法則：「法則」という言葉はそうでも、これは図書館実務の規範ではないか、これをあえて「学」というのはなぜか、という意見もあります。たしかに図書館は現

場を持ち，実務が読者の役に立たなければ役割を果たすことはできません。五法則のうち，第一から第四までが実務に基づいて書かれていることは確かです。しかしその過程でも，経験の集積であった図書館実務を社会科学の研究対象とし，上述した手続きを経て到達した結論ですから，それを「学」と呼ぶことは差し支えないと思います。しかしもう一つ，第五法則があります。この《成長する有機体》という法則は，始めは建物が大きくなることから出発しました。その後考えが熟し，「社会の要求に応じて，進化・変容を繰り返す生命体」という考えに至りました。ここに他の学問分野との接点があり，その分野の仮説に学んだり，独自の仮説を形成したりして図書館現象を研究することができます。さらにその成果を最初の出発点に適用して五法則を見直し，それによって再び図書館という社会現象を研究する，という展望が開けます。そこに研究のサイクルと，他の分野との学際的協力の道が開けるでしょう。人の図書館現象を研究対象とする学問は，そうして発展するのだと思います[1]。

五法則の「発見者」ランガナタン：もう一つ表現の特徴をあげましょう。それはランガナタンがこの五法則を「創造した」とはいわないことです。本と人間との間に昔から存在して変わらないものを，ランガナタンが上記の方法による研究を通して「発見」したもので，恣意的に作り上げたものではない，といえましょう。それを見つけて，整理し，自分の言葉で新しい形を与えたのです。いわばニュートンとリンゴとの関係です。これもまた「法則」という表現を支えるのではないでしょうか。

もう一つの懸念：最後に一つ，私の懸念を付け加えましょう。この五法則は天才の仕事ですから，言葉の選び方が巧みです。読むともうそれだけでわかった気になりがちなのです。たとえば《図書館は成長する有機体である》という第五法則は，それを知っただけですべてがわかるような気になりそうです。そしてそれを自分の考えに取り込んで，それを語りたいという誘惑を感じます。つまりそこで思考が停止して先には進めないのに，言葉だけが一人歩きをする，という恐れがあるのです。本書ではそれについての自戒をもって原著者の考え方をたどりました。この点についても，みなさんのご意見をいただければ幸いです。

注
1) **図書館現象**：人は本を集めて保管し，秘蔵したり公開したりします。本が大量になると混乱が起こり，組織化の必要が生まれます。コレクションが解体され，本が他のコレクションに入ることもあります。ここにその形成，維持，無視，破壊，再構成という力が働きます。人間は昔からこれを繰り返していますから，これを図書館現象と呼んで，研究対象とします。図書館学あるいは図書館情報学はこの現象を研究し，その方法・過程・結果を明らかにしようとする学問で，究極の目標は，そういう現象を示してやまない「人間とは何か」にあるといえましょう。そこに他の学問との共通の広場が生まれます。なお，百科事典や類書，大叢書の編纂と保存，複製，利用などもこれとよく似た現象と考えられます。

2章 著者ランガナタン

2.1 数学の世界から図書館へ

生い立ち：ランガナタン（Shiyali Ramamrita Ranganathan, 1892-1972）は，インド南部マドラス州の町シヤリに生まれました。父親は小規模の地主で，はるか昔に北部インドから移住してきたブラーマン（バラモン）の子孫でした。その伝統を受けて古典に詳しく，機会あるごとに村人たちに古代の物語詩「ラーマーヤナ」を朗誦して聞かせる教養人だったのです。幼いランガナタンは父親のそばに座ったり，聞き手の中に入ったりして，それを聞きました。その朗唱とその合間に訪れる静けさとは，彼に深い印象を与え，彼もまた友達を集めてそのまねをしたといいます。父親は彼の5歳のときに世を去り，その後は母親と暮らしました。少年時代は病気がちで吃音に悩まされ，人前で話をするのは苦痛でした。

　カレッジを卒業して就職口を求めているときでした。数学の師であり，学長でもあったロス教授（Prof. Edward B. Ross）から，修士課程に進んで数学を専攻するように強く勧められました。働かなければ，といって辞退する彼に，教授は「何も言わずに私に願書を預けなさい」といい，入学金から生活費までも援助してくれました。修士号を得たのちは，教員資格をとるように教授から勧められ，教員養成大学に学びまし

28

た。そして1917年からカレッジの教職に就き，数学を担当したのです。

　1923年，マドラス大学は新しく図書館長のポストを設け，候補者を公募しました。これは教育・研究職に区分される管理職で，安定した地位でした。そのため知識人の関心が集まり，応募者は900人，その中から50人が面接を受け，6人が残り，それから最終選考という難関でした。ランガナタン自身は数学教育に専念するつもりで，このポストには無関心でしたが，彼の能力と人柄とを知る恩師や友人が応募を強く勧めたのです。

　当時インドは英国の植民地でした。英国は「分割して統治する」という政策をとり，特に南部ではブラーマンに対する反感を他のカーストの間にあおり立て，ブラーマン出身の教員には英国人教員の1割の給与しか与えませんでした。彼の先輩たちは，そういう教育行政にあきたらず，彼の英才はむしろ別な分野に活用すべきだと見ていました。彼は締切の前日，不本意ながらも願書を提出しましたが，他の応募者のように，有力者を歴訪して運動することは一切しませんでした。そればかりではなく，大学の図書館委員会の有力者にたまたま会ったときには，その人の高圧的な発言に強い反発を示し，「それでは世の中は渡れないぞ」とさえ言われました。彼自身，この話はこれで終わり，と思ったほどです。

図書館長就任：選考結果が発表されると，ランガナタンが選ばれていて，周囲はもとより本人までが驚きました。ときに31歳。彼は図書館の運営については何も知りませんでしたが，教師として，また研究者としての生き方と学問に対する

考え方とをはっきり持ち，不合理な発言に対しては，相手の地位や権力におもねることをしませんでした。彼が強く反発した有力者は，そこに新しい大学図書館の管理者・改革者としての素質を認め，彼を強く推したのです。翌年のランガナタンの英国留学中には，たまたまこの人の子息2人も留学中でした。彼はランガナタンに，その子どもたちの後見者となることを依頼し，彼を驚かせました。そのときまで彼は，この人に理解され，評価されているとは思わなかったからです。この人は在職中，図書館長ランガナタンの理解者であり，またよき友人でした。

　1924年1月，図書館長に就任すると，館長とは名ばかりで，まわってくる事務上の書類に承認のサインをするだけが仕事でした。こんなことなら元の教職に，と考えた彼は，以前のカレッジの学長に実情を訴えました。しかし学長は，結論を急ぐな，といい，彼の英国留学はすでに決定しているので，それから帰ってなお転職を希望するのであれば考慮しよう，帰国までそのポストはあけておく，とまで言ってくれました。またロス教授は，未整理図書の目録をとったらどうか，と助言し，それが彼の眼を図書館実務に向けるきっかけとなりました。その後，彼は図書館の実態に目を注ぎ，目録法を独習し，本がほとんど利用されていないこと，目録の状況や排架法，閲覧室の照明，学術情報源としての雑誌の取扱いなど，読者の立場から図書館を観察し，実務的な知識と経験もだんだんに身につけたのです。ロス教授の助言は適切でした。

英国留学：1924年9月，マドラス大学から派遣されてロンドンに行きました。当初は大英博物館図書館で研修するはず

でしたが，館長から，ここは古くて役に立たない，ロンドン大学図書館学部（University of London, School of Librarianship）がちょうど2年前に設立されたので，そこで学ぶように，といわれます。これもまた適切な助言でした。ここで出会ったのが講師のセイヤーズ（W. C. Berwick Sayers, 1891-1960）です。この出会いの貴重さは第0章に明らかです（その02節，「最初の経験」と訳注1）参照）。メルヴィル・デューイがシーリィ教授によって生涯の方向を確立し，米国図書館界の開拓者となったのと同様に，人が人に出会うことの貴重さを示す話です。

　ランガナタンはこの時代を回顧して，次のようにいいます。
（1）　英国で英国人の生活を見，インドでは知ることができなかった英国人の質実さと働き方を見た。
（2）　英国の図書館サービスが，広く国内に，またどの家庭にも浸透しているのを体験した。
（3）　図書館サービスの可能性を知り，インド全国および各種各層の人びとのためにそれを確立しようと考えた。
（4）　図書館は，国の建設にも市民生活にも社会福祉にも貢献することを知った。
（5）　少数の学生のために働くよりも，社会全体のために働くことの大切さを知った。
（6）　図書館学研究にも，数学研究と同様な研究課題があることを知り，数学から図書館学へと関心を切り替えた。
（7）　図書館サービス全般への貢献と図書館学の研究とを一生の仕事とすることを決意した。

これが彼の大きな収穫でした。そしてそれに基づく活動を80歳まで続けたのです。

2.2 マドラス州からインド全域に

マドラス大学図書館の改革と五法則：1925年7月，マドラス大学に復職するとすぐに図書館の改革に着手。1945年に辞任するまで，誰よりも早く図書館に出勤し，休日も休まず，一日12時間働いて，この図書館を「インドで最も優れたサービスをする大学図書館」に育て上げました。その過程で生まれたのがこの五法則です。その経緯は第0章に詳しく書かれています。中でも重要なのは，05節の「五法則のできるまで」でしょう。ここでわれわれは若く真摯なランガナタン館長が，図書館の基本原理を追求する姿そのままを読み取ることができるのです。ことに，基本原理の追求に行き詰まってロス教授に相談したとき，きらりと目を光らせて，「結局君が言いたいこととは，《本は利用のためのものだ》ということなんだね」と言い残し，返事も待たずにオートバイで走り去った教授，そしておそらくは夕闇に溶けていくテールランプを呆然と見送っていたランガナタンが，ハッとわれにかえって部屋に駆け込み，今目の前に展開してきた世界を夢中で描写する姿——彼はそこまでは語ってはいませんが，この文をたどると自然にそのときの様子が見えてきます。この一節は80年を経てなお大きな刺激を与える力を持っています。

　その後彼は，図書館を仮住まいの建物から次の建物に移し，次いで新館を建設。2度の移転作業を，1日の休館もせずに行いました。これは周到な計画と館員の努力とがなければできない仕事です。

　図書館の改革は激務でした。しかもそれ以外に，次節に述べる図書館協会の設立とその実務もほとんど彼の肩にかかっ

てきます。過労，心労，少食，短い睡眠時間などが重なって，心身の違和を招き，1936年には退職を考えました。そのときはインド古典文学の専門家に出会って話をすることで，心の平安を取り戻すことができました。しかし英国統治下で学内の政治的状況が悪化し，1945年3月，マドラス大学を去ることになったのです。

マドラス図書館協会の設立と図書館運動：これより先，1928年1月にマドラス図書館協会が設立され，ランガナタンが事務局長に選ばれました。その年のうちに会員は410名に達しましたが，図書館員は2名，他は読書と図書館とに関心を持つ教育界・法曹界・財界の人びとでした。この協会の最初の出版が『図書館学の五法則』で，1931年6月に出版されました。これがすべての活動の基礎と考えられたからです。

　次いで彼は，マドラス州の公立図書館法案を起草し，その実現に努めました。また協会主催で図書館員のための夏季講座を開き，専門知識を普及しました。その教科書をも含めて彼は著作を次々と執筆し，1945年までに少なくとも13タイトルに及びました。その販売収益はすべて協会の活動費にあてたのです。この講習会は1931年にマドラス大学が吸収して図書館学講座とし，教育水準の維持と卒業生の就職先の確保ができるようになりました。この講座の責任者にはランガナタンが任命されました。

　1933年にはインド図書館協会が設立され，それ以後図書館運動が全国に広がりました。インド南部で最初の移動図書館ができたのも，五法則とマドラス州図書館法の成果です。1931年に2頭の雄牛が曳く移動図書館車の活動が始まり，

村々を巡回。本が読めない人たちの間にも新しい知識への期待が大きいことを示しました。1957年の自動車図書館の先駆けといえるでしょう（p.216の写真参照）。

図書館学の教育と研究：1947年，ランガナタンはデリー大学に招かれて，図書館学の修士課程と博士課程とを開設します。それまでは図書館の実務要員の養成が主でしたが，このときから図書館学研究者を育てる方向が生まれました。図書館が社会の確かな基盤として人の生活を支えるのには，図書館の科学的研究が必要であり，それにふさわしい人材を養成しなければと考えたからです。しかしそれには学内から大きな抵抗がありました。本の在庫を調べるだけの仕事に研究の必要はない，というのです。これは新しいものの出現に対するいつもの反応の一つで，五法則でも「新しい専門職のハンディキャップ」として説明されています（172節参照）。それでもこの博士課程の修了者は，1957年，デリー大学から最初の図書館学博士号を得ました。

　こういう抵抗は，ランガナタンの足元にもありました。デリー大学に赴任する以前に，バラナシ大学に招かれ，図書館学コースを開設することになりましたが，それには大学図書館が学生のモデルとなる必要があります。そこで附属図書館長として大学図書館の改革に取組みました。ところが館員たちはこの考えを受け入れませんでした。今までどおりでよい，というのです。インドでは伝統的にサービスを受ける人は上位，するのは下位という考えが強く，図書館サービスをすると，学生よりも職員が下位になるという思いがあったのでしょう。1950年代の日本も例外ではありませんでした。ラン

ガナタンは2年間の苦闘の後に，デリーに去らざるを得なかったのです。

2.3 インドから世界へ

国際的活動：1947年，英領インドからインド連邦とパキスタン共和国とが誕生しました。その翌年ランガナタンは，英国文化振興会（The British Council）の招待を受けてヨーロッパと米国の図書館視察の旅に出ました。それが各国の人たちに，それまで文献の上でしか知らなかったランガナタンに会い，その考えを直接聞く機会を与えました。それ以後，ユネスコや国際図書館連盟（IFLA），国際ドキュメンテーション連盟（FID），各地の大学などに招かれて，講演や会議に出席することが多くなりました。「人が生きるために」という彼の基本的姿勢と，それを実現するためのコロン分類法や索引法（Chain indexing）が欧米の人たちに高く評価されたのです。

スイスでの生活：1955年の始め，ランガナタンは夫人とともにスイスのチューリッヒに移りました。そしてほぼ2年間滞在します。この事情については，ランガナタンに最も忠実な弟子，カウラ教授も「謎だ」といいます。日本でもランガナタンは失脚したのではないか，といわれました。しかしランガナタン夫妻と生活をともにした令息ヨーガシュワリ氏は，次の3点をあげ，それ以外の理由はない，と断言しています。それは：
 1. インドの図書館界の雰囲気がランガナタンの研究の進展についていけなくなったこと。一方，欧米では彼の考え

方が重んじられて、国際会議への出席の要請が多くなり、65歳の彼にはたびたびの往復が困難であったこと。
2. 新しい政治状況の下で、デリー大学の自治が揺らぎ、教育と研究の自由があやうくなったこと。
3. 母親がなくなって、ランガナタン夫妻がインドを離れ、令息と暮らすことができるようになったこと。

　令息はスイスで学び、システム・エンジニアとして業績をあげていました。ランガナタン自身は1950年代の始め以来、それまでの「本の提供」から、「本の中に含まれている情報の提供」へと考えを進めていました。つまりそれまでの「本」や雑誌を一単位と考えることから、それぞれの中にある「情報」を読者に結びつけるという考え方、つまりドキュメンテーションに進んでいったのです。システム・エンジニアが働く産業界の人たちが、どんな情報をどのように求めているか、それは彼にとって、新しい挑戦であったことでしょう。

　チューリッヒでは、『図書館学の五法則』を改訂して第2版の準備をしました。また、英国やドイツからの講義や講演依頼に応じました。彼の考えを求める人たちが各地にいたからです。ここでの生活の中で、令息の将来にも心配はなく、夫妻の今後の生活の見通しもつきました。ランガナタンは元気を取り戻したのです。そこで彼はマドラス大学に夫人の名前をつけた教授ポスト（Sarada Ranganathan Chair of Library Science）を置くため、10万ルピーを寄付しました。

帰国後の講演旅行と来日：1957年にインドに帰り、翌年には米国とカナダに招かれました。1958（昭和33）年来日、12月8日から16日まで滞在して東京と大阪で7回の講演会や討論

会を行いました。大阪では分類作業についての質問に答えて，

> この世界は海のようなものである。海の表面に雨が降り風が吹き波が立っても，海の底は静かで不変不動であるように，あらゆる事物は，移り変わる表面的な現象と，変わらざる本質がある。… 図書館員は分類にあたっていつも物事の本質を捉える努力をすべきだ。

と語って，参会者に感銘を与えたといいます。また，彼のコロン分類法と国際十進分類法（UDC）との関係について質問され，

> 既製の分類法には何ら関係はない。これは私の独創だ。強いて言うならばヴェーダの哲学だ。

と答えたと伝えられています。これはランガナタンの考え方や生き方を考える上で，大きな手がかりとなるものと思います。ランガナタンが片足をインドの考え方におき，片足を科学的思考においていることを表明しているからです。

ドキュメンテーション研究と教育：1958年からランガナタン夫妻はインド南部のバンガロールに住むことになりました。ここはマドラス市の西300km，インドの高原都市で，気候もよく，退職の教授や技師が住む文化的で落ち着いた雰囲気を持っていました。ここで彼は一人の統計学者とともに「ドキュメンテーション研究・教育センター」(The Documentation Research and Training Center, [DRTC]) を設立。研究所の施設も地域の有力者の援助で立派なものが確保され，その近くに夫妻の新しい住まいもできました。ときに70歳。ここで10年間を過ごします。

このセンターはその名が示すとおり，すでに図書館学を学

んだ研究者と，情報管理を学ぶために会社や研究所から派遣されてきた人々とが集まり，それぞれの研究と学習を進め，その過程や結果を交流しました。ここでの目的は，新しい資格を得て就職を求めるのではなく，情報管理の分野で働く人たちの交流から相互作用を呼びおこし，そこから学ぶことを目的としたのです。このセンターは，その後各地に現れた情報管理の専門家養成施設の先駆と評価されています。

2.4 ランガナタンの業績と努力

研究業績とその評価：カウラ教授は，ランガナタンを「世界で最も傑出した著者」であるといいます。その著作と編纂物とは50タイトルを超え，論文は2,000点，政府に対する報告書や各州の図書館法規の原案起草もまことに多数です。その上にいくつもの雑誌の編集発行，セミナーの主催など，すべて彼のすぐれた集中力の所産とされています。彼がかかわり，新しく開拓した分野は，図書館法規をはじめとする組織上の課題，図書館管理，コロン分類法，分類理論と主題分析法，目録法，レファレンス・サービス，書誌，資料選択法，学術図書館，社会教育，ドキュメンテーションと索引法などに及んでいますが，その最初の著作であり，かつその後の業績の母体となったのがこの『図書館学の五法則』なのです。

彼の多年の功績に対してデリー大学は1948年名誉文学博士号を，米国ピッツバーグ大学もまた1964年に名誉文学博士号を贈りました。英国図書館協会からは名誉副会長に，その他の関係団体から名誉会員に推挙されました。インド政府は1935年，名誉称号ラオ・サヒブを，1957年には国民栄誉賞

ともいうべき称号パドマシュリーを贈り，さらに1965年には学士院会員（National Research Professor in Library Science）に推挙しました。また彼の古希を祝して，数年前から企画されていた記念論文集が1965年に完成し，バンガロールでの祝賀会において献呈されました。これは12か国112人の寄稿になる134編の論文集で，2冊にまとめられています。日本からは加藤宗厚先生が論文を送って，彼の業績を讃えられました。

彼の業績はその理論的先見性が最も高く評価されています。しかし令息ヨーガシュワリ氏は，ランガナタンの仕事の実用性を讃えています。その一例として，国籍も人種も文化的伝統も異なる2,000人の工具に，45分間の昼休みの間に，何の苦情も出ないように昼食を提供する，という課題をシステム・エンジニアとして与えられたことがありました。そこで彼が基本線としたのは，工具に無駄な時間を使わせないこと，つまり第四法則に立つことでした。この人は，「ランガナタンの五法則は単に図書館だけではない。経営学の基礎とさえいえる」といいます。ランガナタンが発表した分析合成法が，自分の仕事にきわめて役に立つ，ともいっています。そこでこの人が書いた父親の伝記には，「情報科学の実際的な哲学者」（Pragmatic Philosopher of Information Science）というサブタイトルがついているのです。

さらにヨーガシュワリ氏は，「情報機器は人を機械に合わせることを要求する。しかし，ランガナタンは，機械を人に合わせることを考えた。それが彼の分類法であり，索引法である。この点において彼は欧州の情報工学研究者の間に高い評価を得ている」といっています。

教育者として：カウラ教授は米国でランガナタンとはどんな人かと問われて、「真の教育者であった」と答えました。それはこの数々の業績の底に、図書館の本質を問う姿勢が一貫していて、ランガナタンもまた学ぶものとして自らを規定したからだと思います。彼の授業は、学生が自ら学んだこと、考えたことを中心とする授業、つまり考えるための材料を見つけ、それを深く考えるようにする授業であったといいます。かつてインド人の図書館学者が、「一緒に勉強するという姿勢であった」と語ってくれましたが、「人が生きるための図書館」であれば、学生であれ、研究者であれ、一人のひととして「感じとり、考え、行動する」ことが重んじられます。そして、同じ道を学生と一緒に歩む。そういうランガナタンの考え方、生き方を「真の教育者」と表現したのではないでしょうか。

　教師としてのランガナタンは、ひたむきに勉強する学生に対しては温和で親切でした。しかし怠惰で、形ばかりの学習や研究をする学生に対しては、容赦しませんでした。それは厳しかったといいます。彼は若い人たちを同じ道を歩く同志として扱い、自分と同じ精度の仕事を要求したのでしょう。

研究生活と家庭：さまざまな困難に出会いながらも、彼の努力は超人的でした。前述したインド人の図書館学者から、「ランガナタンは一日18時間勉強をする」と聞かされて、まさかと思ったことがあります。それでは食事も眠ることもない、と思ったからです。しかしランガナタンによれば、40歳以後は一日1回軽い朝食をとるだけで健康維持に十分であり、それ以外の時間はすべて研究に費やし、家族と話す時間もなかったといいます。生活はきわめて簡素で、1枚の板が昼間

は机になり，夜はそれを枕としました（口絵の写真参照）。

　ヨーガシュワリ氏によれば，ランガナタンは40歳ごろから食事のスタイルを変え，一日14時間を研究と執筆とにあてたといいます。食事の時間も惜しんで執筆を続け，時には食事を口に含んで咀嚼しながら，あるいは夫人にスプーンで口に運んでもらいながら，執筆を続けました。そこから一日18時間説が生まれたのでしょう。そして一つの著作を終えると，疲労のあまり寝込むこともあったといいます。

　そういう彼の健康を維持し，また厳しい努力を迫られる学生たちを温かく包んだのがランガナタン夫人サラダ女史であり，また令息ヨーガシュワリ氏でした。カウラ教授は偉大なランガナタンを包んで，よくその大をなさしめたのは夫人であり，彼よりも偉大というべきではないか，といっています。ランガナタン自身もそのことはよくわかっていたのでしょう。社会保障の行き届かなかった時代に，自分が研究の半ばで倒れたら，その後の夫人と令息の生活はどうなるか，それを心配していました。ただ，それを口に出さなかっただけなのでしょう。1956年と63年とに夫人の名を冠した基金を設定したのも，夫人への配慮と思います。また，令息はその著作の中に，心豊かな配慮を示すやさしい父親の姿を描いています。

2.5 周囲の人たち

支持した人たち：ランガナタンは学生時代まで，人前で話をすることが苦痛でした。人前に立つと吃音の症状が出るからです。そこで修士課程修了後にインド数学学会で最初の論文発表をしたときには，聴き手を見ないように目をつぶって発

表したといいます。終わって外に出ると，思いがけないことにこの学会の創立者 V. R. アヤッル氏が後を追ってきました。そして発表の素晴らしかったことをたたえ，「若いインドが生まれてきた」とまでいったのです。この人の態度と地位と激励とが彼の心の中の何かを押し流したのでしょうか。それ以後吃音で苦しむことはなかった，といいます。ランガナタンの令息ヨーガシュワリ氏は，この人のことを「自信を持って生きる意欲を生み出してくれた身近な人」として描いています。この人との親しい関係はずっと続き，ランガナタンはこの人の伝記を書いているほどです。

　一方，社会人としての彼に対しては，ロス教授とセイヤーズ館長の支援をあげなければなりません。英国の図書館をより深く理解できるように心を配ってくれたのはセイヤーズ館長ですし，ロス教授による大学院進学とその後の示唆，助言は貴重でした。それによって大学の教師の職を得たことが，友人や先輩による彼への理解と信頼とを生み，館長職への応募を勧められたのです。館長就任直後に辞任を考えたとき，もっと長い目で世の中を見るように，という助言は，数学の助教授として勤務していた大学の学長から与えられました。この時期の彼は，その直情径行を貴重なものとし，それを見守っていこうとする恩師や友人に囲まれていたのでした。

　マドラス大学図書館の改革を進めるときには，彼の理念に共鳴し，新しい図書館に期待する学生たちや若い館員たちがいました。1934 年に着任した英国人副学長は，彼の図書館改革を支持し，すべて自分の任期中にやり遂げるように，と助言してくれました。学内の政治状況を洞察したからです。その洞察は的確でした。また，彼を図書館学の師とした人た

ちの中心として，カウラ教授は 27 年にわたって彼を支えました。それはランガナタンが 18 年間身を粉にして働いたマドラス大学を退職し，不遇であったときから 80 歳で逝去するときまでにわたっています。バラナシ大学やデリー大学への赴任も，彼を理解する人びとの招聘によるものでした。しかしその人たちが大学を去ると，その人たちの理想は忘れられ，彼の仕事にも人がついてこなくなるのです。

背を向けた人びと：彼の台頭を快く思わず，嫉視，反感，中傷，妨害を繰り返す人たちもその最初から跡を絶ちませんでした。実際，英国から帰ってマドラスまでの汽車の中で，彼は自分を中傷する新聞記事を見せられたほどです。それは彼の館長就任自体が異例で，選に漏れた人たちを失望させたことがその一因でした。インド南部のブラーマンに対する圧迫に加えて，彼の図書館改革に対しても賞賛ばかりではありませんでした。マドラス図書館協会に対して「協会は彼の名声を高めるための機関なのか」と非難する人があり，これは後まで続きました。そう考える人にとっては，ランガナタンが原稿を無償で提供し，新しく生まれた図書館協会を支えていることなどは，売名の手段としてしか映らないのでしょう。彼は協会の仕事は本務の余暇にする，という原則を守って仕事を続けたのですが。

　そういう個人的な反感は，社会的な流れに乗ったときに大きな力を持ちます。もともとランガナタンの考えは，支配層からは危険視される要素を含んでいました。五法則の 21 節「上流人士と大衆」で述べているように，支配階級は大衆が文字を知り，新しい思想に目覚めることを嫌います。自分た

ちの地位が危うくなるからです。そして旧来の勢力と戦う人たちは，教育によって大衆を目覚めさせようとします。ランガナタンもまた「すべての人に教育を」を基本としました。彼は政治闘争によってよりも，5人の聡明な女性による穏やかな説得によって，教育の機会を生み出そうと試みました。しかし，インド古来の宗教や階級制度，それに英国統治時代の政治，経済機構のもとで一応の安定を得てきた人たちにとっては，ランガナタンの穏健な方法さえも彼らの基盤を壊すものと見え，大きな危機感を抱いたことと思います。それが官庁や大学の形式主義，官僚主義と結合して，ランガナタンの活動が制限されたのではないでしょうか。いずれにせよ，ランガナタンはその研究と教育およびインドに図書館を普及する仕事において，決して順風満帆ではなく，さまざまな困難を乗り越えなければならなかったのです。

ついのすみか―バンガロール：ランガナタンは1966年ごろから健康の衰えを見せ始めました。そして1972年9月27日，バンガロールにおいてその80年の生涯を閉じました。彼が生きた日々は世界の大変革の時代で，令息はそれを「牛車から747まで」と表現しました。牛車とは，1931年のインド南部最初の移動図書館車のことです。これは次の村へ本を乗せた車を引いていくのに，こちらの村が2頭の牛を出して，次の村まで引いていき，その牛を連れて帰る。次の村は，またその次まで2頭の牛を出す，そういう努力で維持されたといいます。その時代から，一度に500人以上を乗せるジャンボジェットの時代までを生きたのでした（p.216の写真参照）。

　それは同志があって始めた仕事ではありません。彼ひとり

が考え，実践し，理解者を徐々に増やして進めたのです。そこで「一人での図書館運動」(One-man Library Movement) と呼ばれます。それがどれほどの苦労を伴うものであったか，その断片はこの五法則のあちこちに現れていますが，その苦労には，時と所とを越えて，人間的に共通なものがあると思います。五法則は「新しいことに対する人の反応ないし反感の記録」として読むことができるほどです。

　この努力によって彼は「インドの図書館運動の父」と呼ばれました。そしてユネスコ事務総長エヴァンス (Luther H. Evans) は，「インドの図書館学はランガナタンの貢献によって充実・発展した」と称賛しました。まことに偉大な生涯でした。彼が残したサラダ・ランガナタン図書館学基金は現在バンガロールに事務所を置き，彼の著作の出版元であるとともに，図書館学研究に対する援助を行っています。

　バンガロールでは，彼は2人の理解者・協力者を得，インド統計学研究所の後援を得ました。この人たちの協力で，1962年，ドキュメンテーション研究所を開いて名誉教授となり，その近くに自宅を持って，若い研究者たちと晩年を過ごすことができました。長い間自分の理想追求のための戦いを続けてきた彼にとって，この最後の10年間は最も安らかな時期だったのではないでしょうか。

2.6 ランガナタンの教育観

　令息ヨーガシュワリ氏は，ランガナタン博士のその時どきの言葉を箴言の形で記録しておきました。それは令息のために語られたのですが，しかし今日のわれわれにとっても深い

意味を持ちます。その中から,教育についての考えを三つ選びました。これは「図書館の基礎に教育があり,その教育に役立つのは図書館だ」というランガナタンの考え方を端的に表す言葉だと思います。

　人間というものは,その能力にほとんど差がないものだ。そこに違いが見えるのは,育つときの指導の良し悪しによる。本人には向かない指導や,まったく誤った指導がなされることがあるものだ。だから,誰に向かってもその人の短所を問題にすべきではない。むしろそれを修正できるように援助すべきだ。

　子どもを教育するとは,物事の基本的な原則を理解するように導くことであり,またその原則の応用にはどうしたらよいか,どんな手段や方法があるかを知らせることである。過去や現在への応用を記憶させることではない。

　経験とは,失敗から学ぶことである[1]。

注
1) **出典**:Yogeshwar, R. *S. R. Ranganathan*. 2001. p. 386. から教育関係の箴言を抄出しました。

3章 ランガナタン略年譜

　カウラ教授は，ランガナタンの著書と編纂物とは50タイトルを超え，論文は2,000点以上，その他に多くの業績があるといいます。ここでは，五法則の形成とその実践の時期，つまりランガナタンが図書館長として，また図書館学者として自分を作り上げていく時期に重点を置いて，年譜をまとめました。

1892年8月9日（現在の暦では8月12日）　マドラス州シヤリに誕生。父はN. ラマムリタン・アヤッル（1866-1898），母はシタ・ラクシュミー（1872-1953）。●幼時は病気がちで，時として吃音に悩まされた。
1909年　17歳　マドラス・クリスチャン・カレッジに入学。
1913年　21歳　学部卒業，BA。
1916年　24歳　修士課程修了，MA。●インド数学会全国大会で「インド数学［史］」についての論文を発表。聴衆の賞賛を受け，かつこの学会の創立者アヤッルの知遇を得る。これが彼に自信を与え，その後は吃音に悩むことがなくなったという。
1917年　25歳　教員免許取得。大学で数学を教える。
1921年　29歳　マドラス・プレジデンシィ・カレッジ数学助教授。

1924年　32歳　マドラス大学図書館長。●大学からロンドン大学図書館学部に派遣され，図書館学を学ぶ。さらにクロイドン市立図書館で実習。その後英国各地で100館以上の図書館を見学。●コロン分類法の編集に着手。

1925年　33歳　マドラス大学に帰任。マドラス大学図書館蔵書の印刷冊子目録にコロン分類法を試行。

1927年　35歳　マドラスで開催された全インド公開図書館大会で，マドラス州の執行委員となる。

1928年　36歳　図書館の改革計画（開館時間を午前7時から午後8時までとすること，無休開館，学部学生への館外貸出，分類法と目録法の近代化，公開書架制の採用，レファレンス・サービスの開始，資料の増加，図書館予算の増額，機能的に設計された図書館の建物の獲得など）を立案し，実行に移した。●仮住まいの施設から学内のより広いスペースに図書館を移転。●この年マドラス図書館協会設立。事務局長，1948年まで。

●マドラス大学の冬季大学講座で図書館学の法則を講義。●ルクミニ夫人逝去（32歳）。●「図書館学の五法則」が生まれる。●インド数学会の会計主任。

1929年　37歳　マドラス図書館協会図書館学講座開設。1931年まで継続。1931年からはマドラス大学の図書館学講座となる。

●ヴァンガル・ラクシュマナ・サラダと結婚。

1930年　38歳　アジア教育会議図書館サービス部門事務局長。●英国図書館協会正会員。●各州のモデルとして図書館法案を起草。

1931年　39歳　マドラス図書館協会の図書館学講座をマド

ラス大学に移管。その責任者となる。●協会の最初の出版物として『図書館学の五法則』を出版。33年に『コロン分類法』，次いで『分類目録規則』『図書館管理法』『図書館分類法序説』『図書館目録法原論』『レファレンス・サービスと書誌』『参考図書と書誌についての書誌』『図書館での分類法，その理論と実際』『インドにおける戦後の図書館再建計画案』『図書館分類法の要素』『辞書体目録規則』『余暇のための教育』などを毎年1冊出版。●牛車による移動図書館を提唱。インド南部で最初の移動図書館が実現する。

1932年　40歳　令息ヨーガシュワリ誕生。

1933年　41歳　インド図書館協会設立，会則草案を起草。第1号終身会員に選ばれる。

1934年　42歳　新任の副学長から，自分の在任中に図書館の新しい計画を実施すべきこと，それ以後は大学を取り巻く政治的状況のゆえに，図書館の改革は不可能であろう，と助言される。●図書館の無休開館実現。週に91時間。

1935年　43歳　インド政府，名誉称号ラオ・サヒブを授与。

1936年　44歳　新館落成，移転。過労と心労とのゆえに退職を考える。

1945年　53歳　マドラス大学を退職。●その直後にP.N.カウラ，ランガナタンに師事。1972年の逝去に至るまで，ランガナタンのために献身。●バラナシ大学に招かれ，図書館学大学院の設立および大学図書館の改革に従事。しかし，彼を招いた大学当局者の退職と変革を望まない図書館員からの反発とによって，1947年バラナシを去る。

1947年　55歳　英領インドはインド連邦とパキスタン共和国とに分離独立。●デリー大学に招かれて図書館学博士課

程を創立。
1948 年　56 歳　デリー大学から名誉文学博士号。●英国文化振興会の招待によって欧米各国を歴訪。多くの国際会議に出席し，また招聘を受けて講演や講義を行う。
1951 年　59 歳　ユネスコ・書誌に関する国際委員会委員。
1955 年　63 歳　令息およびサラダ夫人とともにスイスで暮らし，欧米各国を訪問，『五法則』を改訂し，本を単位とする考え方から本の中の情報を単位とする方向に向かう。●英国その他に講演旅行。●サラダ・ランガナタン図書館学教授職をマドラス大学に寄付する。
1957 年　65 歳　インド政府から名誉称号パドマシュリー。●英国図書館協会名誉副会長に選ばれる。●デリー大学，その博士課程でランガナタンに学んだ研究者にインド最初の図書館学博士号を授与。
1958 年　66 歳　米国，カナダ，日本に講演旅行。日本には 12 月 8 日デリーから羽田着。10 日，慶應義塾大学文学部図書館学科で講義。11 日，国立国会図書館と都立日比谷図書館とで講演会。12 日，文部省図書館職員養成所，日本科学技術情報センターで講演会。羽田発，伊丹空港着。13 日，大阪府立図書館，大阪市立図書館（天王寺区）視察。日本図書館研究会主催講演会。14 日，天理図書館訪問。伊丹発，羽田着。15 日，国際基督教大学での討論会。16 日，旭硝子図書室，アジア財団訪問。日本科学技術情報センターでの討論会。羽田発,帰国。観光よりも図書館員に会い，図書館を見ることに専念した旅であった。
1961 年　69 歳　パリでの目録法原則国際会議の特別ゲスト。
1962 年　70 歳　バンガロールのドキュメンテーション研究・

訓練センター名誉教授に就任。

1963年　71歳　サラダ・ランガナタン図書館学基金を設定。65年から毎年国内外の図書館学研究者を招いて講演会を開く。

1964年　72歳　米国ピッツバーグ大学から名誉文学博士号。

1965年　73歳　学士院会員に推挙される。●ランガナタン博士記念論文集　第1巻完成。バンガロールでの祝賀会で献呈。(第2巻は1967年完成)

1970年　78歳　ALAから目録法・分類法の優れた業績に対して，マーガレット・マン賞が贈られる。

1972年　80歳　バンガロールにおいて逝去。(9月27日)

1992年　自伝 *A Librarian Looks Back* がカウラ教授の手によって編集，出版される。

2001年　令息ヨーガシュワリ氏執筆の伝記 *S.R. Ranganathan* が出版される。

注

　この第Ⅰ部は，近年出版されたランガナタンの伝記2冊と，日本での先行の著作および下記の論文とによって構成しました。

・Ranganathan, S. R. *A Librarian Looks Back: An Autobiography of Dr. S. R. Ranganathan*. Appended with an Evaluation of His Life and Work by Prof. K. N. Kaula. New Delhi, ABC Publishing,©1992. xiv, 485p.
　ランガナタンの自伝とカウラ教授の補足，写真，年譜を含む。

・Yogeshwar, Ranganathan. *S. R. Ranganathan: Pragmatic Philosopher of Information Science, A Personal Biography*, by Ranganathan Yogeshwar. Munbai, Bhavan,©2001. vi, 402p.

令息ができるだけ客観的に記述した伝記。公的な面は自伝に譲り，そこに現れない父親の姿と考え方とを描いて，貴重です。
- ランガナタン，S. R.『図書館学の五法則』森耕一監訳，渡辺信一，深井耀子，渋田義行共訳　日本図書館協会　1981. 425p.
- 南諭造「アジアに図書館の火は燃える」『図書館雑誌』50 巻 1 号（1956 年 1 月）p.10-13.
- 渋田義行「近代図書館の理念と図書館員の専門性について－ランガナタン［五原則］の今日的な意味」『図書館界』29 巻 2 号（1977 年 7 月）p.49-56.
- 渡辺信一「S. R. ランガナタン」『図書館雑誌』75 巻 12 号（1981 年 12 月）p.768-769.（図書館をつくった人々　11）
- 石山洋「ウイリアム・チャールズ・バーウィック・セイヤーズ」『図書館雑誌』76 巻 7 号（1982 年 7 月）p.418-419.（図書館をつくった人々　12）
- 田澤恭二「ランガナタン博士の思い出」『図書館雑誌』76 巻 7 号（1982 年 7 月）p.421.
- 中林隆明「ランガナータン博士の日本講演活動日誌（1958 年 12 月 8 日～16 日）」『図書館界』54 巻 4 号（2002 年 11 月）p.216-219.

第 Ⅱ 部

図書館学の
五法則

Ⅱ部は、原著『図書館学の五法則』の要約です。

第0章 すべての始まり
―著者自身の言葉で―

　ここで第0章というのは，普通は序章とか自序とかいうところです。ゼロというのは何もないことではなく，あらゆるものを含む意味に使われます。日本十進分類法やデューイの十進分類法で，1から9までのグループに入らないものや，そのいくつかを含むものに0という記号をつけて，最初に置くのと同じです。このやり方は普通の順序数とは違うので，はじめは違和感を持ちますが，慣れると大変便利な記号法です。この使い方はいかにもランガナタン博士らしく，そのまま使うことにしました。

　本章ではランガナタン博士が，自分と図書館とのかかわりと，五法則を考えるに至った事情，その後の普及，初版と第2版との違いなどを述べています。博士の生の声が聞ける気がするところです。第1章から後は本文の要約ですが，この第0章01節から06節までは，できるだけ原文に近い形で，博士が自分で語る雰囲気を残すように試みました。したがってここで「私」というのは，ランガナタン博士自身のことです。

01　図書館長に就任

新しい出発：1923年6月，マドラス大学は新しく研究・教育職としての大学図書館長のポストを新設しました。それまで私は，マドラス大学の一部であるプレジデンシィ・カレッジで数学を教えていましたが，11月に館長に任命され，翌年1月4日木曜日の午後に就任しました。しかし館長として

の仕事は何もなく，退屈でした。数学の教師に戻りたいと思いましたが，友人たちから，「結論を急ぐな」といわれて思い止まりました。そこで，まず平積みにされていた数百冊の寄贈書の目録作業を始めました。図書館の読者の数は1日に1ダースにも至りませんでした。

02　最初の経験

1924年10月，ロンドン大学図書館学部に入学しました。この学部図書館は小さいけれどかなり充実していました。しかし蔵書数はそれほど多くはなく，読み尽くすのには数か月もかかりませんでした。この学校で理論的な準備を終えた後，ロンドン南郊のクロイドン市立図書館で6週間実務を経験しました。その後は6か月にわたって100館に及ぶ各種の図書館を訪ねました。館長たちは自由に見学し，質問することを許してくれました。これが私にとって図書館を知るための最初の，しかも実りの多い経験でした[1]。

03　そのころの英国の図書館

見学先には，進歩した図書館もあれば遅れたままの図書館もあって，図書館実務を比較し，その特徴を知ることができました。館員の改善への意欲は印象的でしたが，その実務には館内の他の仕事との関連性が見えませんでした。各部門の人たちと話をしてみると，自分の部内だけのことを考え，他の部門の人とはほとんど連絡がなく，同じ部門で働いていても，チームワークはありませんでした。全体を見通すという

観点がなかったのです。それがあれば別な部門の仕事からも自分の仕事との共通点が見えてくるはずなのに、閉鎖的な仕事の仕方のゆえにそれが見えなくなっていたのです。そのために図書館の仕事は、全体としての関係の見えない、個々別々な実務の集合にすぎず、そこから将来の発展が生まれるとは思えませんでした。常識に基づいた経験主義があるだけだったのです。

04 科学的方法

　科学を学び、研究してきた私は、記憶に頼ってこうした断片的な情報と実務とを処理することに満足できませんでした。そして次のようなことを考えました。こうした無秩序な仕事の積み重ねを集約して、基本原理を求めることはできないだろうか？　帰納という考え方をここに適用できないか？　基本原理を立て、今までのすべての実務をそこから導き出すことはできないのか？　その原理があれば、過去のやり方や将来必要となるものがその体系の中に必然的に位置づけられるはずではないか？　もし図書館に対する社会的な要請が変化するとしたら、そのときにこういう基本原理が必要なのではないか？　そういう疑問が私の中に沸き起こったのでした。

　もちろんこの仕事は社会科学に属し、自然科学ではありません。しかし、科学としての研究方法は、その両方に適用できます。ただ一つの相違は、基本的な考えをどう位置づけるかという点です。自然科学ではそれを仮説といい、社会科学では規範原理と呼んでいます。しかし科学の研究方法の進め方は、どちらの場合にも同様です。それに基づいて明らかに

すべきこととは，まず現状を観察し，そこから明らかになった図書館実務の本来のあり方，今はまだ見えなくてもそこから推論できる将来の実務，さらにそこからの展望の三つを理論的に意味づけるのに十分な規範原理を求めることです。こういう考えが1925年の在英中から心の中に生まれ，私を揺り動かしていたのです[2]。

05　五法則が生まれるまで

　1925年7月に帰国してからは，マドラス大学図書館の組織化と充実に忙殺されました。図書館としては実質上ゼロからの出発でしたから，基本的な課題の検討は後回しにしなければなりませんでした。32,000冊の蔵書の分類をやり直し，目録をとり，それと並行してコロン分類法と分類目録規則の編集，公開書架制の採用，そしてレファレンス・サービスも一人で始めました。その上に図書館の広報など，初めて実施することばかりでした。その結果，来館者の数は一日20数人から200人に増えました。職員の採用とその訓練，図書館管理のマニュアルの編纂という新しい仕事も加わります。年間受入冊数は1,000冊から6,000冊に増え，新しい図書館建築計画も考えなければなりませんでした。その多忙さのゆえに，規範原理のことは心の奥にしまっておかなければなりませんでした。しかしその多忙さは私の中の考え方を押しつぶす力としてではなく，育てる力として働きました。コロン分類法の一つ一つのステップにも，分類目録規則の一々の条文作成にも，図書館管理規則の各条項の起案にも，心の奥の基本的原理が光を与え，それぞれが輝きを持つに至ったのです。規

範原理もまた，こういう仕事の進展と必要性とから，無意識に形成されていました。これが3年にわたって続いたのです。

1928年の終わりに近く，ついにこの規範原理が生まれる日が来ました。ある日の午後，それを今まで心の奥に抑えていた力が方向を変えたのです。ほかの仕事はすべて脇に置いて，規範原理について集中的に考え始め，心の中での耐えがたい苦闘が続きました。その夕方，いつものようにエドワード・ロス教授が図書館に立ち寄ってくれました。私が知的に成長できたのは，この方のおかげでした。大学時代の数学の師であり，その多才さと私への友情とによって，私の新しい仕事に深い関心と知的興味とを持ち続けていたのです。

私が苦心していることに気づいた先生に，当面の問題を聞いてもらいました。ちょうどオートバイで帰宅しようとしていたときでしたが，彼は眼をきらりとさせ，そして独特の微笑を浮かべました。それは何か新しいことを思いついたときの彼が決まって見せる表情でした。そして，「君が言いたい第一法則とは，《本は利用するためのもの》ということだね」といって，返事も待たずに走り去ったのです。まことにこの人らしい仕方でした。この教授の直感の一撃によって，私は完全に救われました。この言葉から他の四つの法則がほとんど自動的に生まれ，3時間後には五法則それぞれから演繹されたものが5枚の紙にまとめられました。こうしてこの「五法則」が完成したのです[3]。

06　五法則の発表

そのころは図書館の団体も図書館員の集会もなく，五法則

を発表する機会はありませんでした。しかし，新聞や雑誌がスペースを割いてくれ，1928年12月にはマドラス大学主催の教師対象講習会で講演の機会が与えられました。この講習会は各地で開催されたので，参加した教師の数は1,000人に及びました。1930年には東北インドのバラナシで第1回全アジア教育会議が開かれ，ここで初めて図書館員たちに五法則を語る機会を得ました。この五法則から図書館法原案がつくられ，各州の図書館法のモデルとなりました。1929年4月にはマドラス図書館協会が図書館学講座（のちのマドラス大学図書館学部）を開設したので，そこで毎年1回，組織的で詳細な講義ができるようになりました。ここからすべてのことが始まったのです[4),5)]。

注
1) **セイヤーズとの出会い**：この図書館学部は，その2年前に成立したばかりでした。蔵書冊数が少なかったのは，当時としてはむしろ当然であったかもしれません。ランガナタンの指導にあたったのは，この学部の講師であり，クロイドン市立図書館長としてすぐれた業績をあげていたセイヤーズ（W. C. Berwick Sayers）でした。彼はランガナタンがすでに修士号を持ち，教職経験もあり，インドの古典にも詳しく，研究者としてすぐれた資質を持つことを認め，普通の新入生としては扱わず，授業への出席は基礎として必要な科目の履修にとどめ，あとの時間は専門書を読むことと現場から学ぶこととを勧めました。これが後年のランガナタン博士を育てるのに，どれだけ大きな働きをしたことか，と思います。
2) **科学としての研究方法**：こうした考え方は，今日のわれわれにも常にあるはずのものと思います。ただ今日ではここでの規範原理を自然科学と同様に「仮説」（hypothesis）と呼ぶと思います。それは自然科学のように実験・観察によって証明するよりは，仮

説形成に至る過程と，その仮説がその事象を説明するのに論理的に妥当であるかどうかを重んじるという違いがあるのではないでしょうか。その事象の説明に基づいて，「図書館とはかくあるべきだ」という面を強調したのが「図書館学の五法則」でした。しかしそれにはなお3年の歳月が必要でした。

3）　**ロス教授**：教授はスコットランド出身の数学者で，ランガナタンの大学時代の数学の先生でした。彼の将来性を見抜いて大学院に入学を勧め，「授業料が払えないから就職する」という彼に応募をさせ，すべての費用を払ってくれた人でした。その後も相談に乗ってくれたことは，本書のⅠ部2章に述べました。ランガナタンはその多年の恩義に報いるために，1925年，マドラス大学のクリスチャン・カレッジに「ロス教授記念基金」という奨学金を設定しました。

4）　**その後の出版と発展**：本書Ⅰ部2.2節をご参照ください。初版発行後の変化としては，それまでの"Book"という概念がもっと広い意味で使われるようになり，ドキュメンテーションという術語を使って強調されるようになったこと。二番目は「成長」という概念がより普遍化したこと。これはランガナタンの講義の内容から生まれました。第三にランガナタンは，「図書館学は存在するか」という疑問に答えなければ，と考えたことと，インドはじめ各国での図書館学の長足の進歩に対応するために，「科学的方法，図書館学およびその進展」というタイトルで第8章を加えています。

　本書においては，第8章の中の五法則の補足を，それぞれの法則の後につけて，考え方の変化を示しました。

　また，第8章の中の「科学的研究のサイクル」という図を，令息ヨーガシュワリ氏の援助によって解釈し，参考に供しました。

5）　**出典**：Ranganathan, S. R. *The Five Laws of Library Science*, 2nd. ed. Asia Pub. 1957. ©1963. p.19-23.

第1章　第一法則
《本は利用するためのものである》
Books are for use.

　ロス教授の一言で，堰を切ってあふれ出た五つの法則がここから始まります。その最初の法則が，《本は利用するためのものである》です。一見なんでもない，当たり前のようなことで，「なんだ，そんなことか」と思う人もいるでしょう。そこでランガナタンは，学問としての原理はどの分野でも同じで，当たり前と見えることの中にあるのだ，といいます。だからこそ，原理なのです。

　しかし，これは当時の図書館の中では，決して当たり前のことではありませんでした。むしろ教育や本についての考え方からすれば，伝統の破壊であり，既得権への侵害と受け取られたと思います。そういう伝統的な考え方を持つ人が図書館を運営していると，この《本は使うもの》という考え方の実現には非常な努力が必要になります。ランガナタンばかりでなく，日本の図書館においてもそれは同様でした。

　それを実現するための考え方として，ランガナタンはまず本というものについての人の態度を歴史的に検討します。次に第一法則を実現するための条件として，図書館をどこに置くべきか，開館時間，図書館家具，経費，そして図書館で働く人たちの資格，学識と教育，待遇，責務，利用者とのかかわり，図書館サービス，専門職としての心構えを述べています。いずれも今日の日本で，ほとんど言及されることの少ないことばかりです。それを1930年代，まだ英国の統治下にあったインドで主張し，実現への努力をしたのです。その苦労の一端もここに顔を出します。

ここで図書館員の条件として挙げていることは大変厳しく，これほどまでに高い要求が必要かと思う人もいることでしょう。しかしそれは，図書館員の仕事は高級なのだ，と主張するのではなく，人の成熟と成長にかかわる仕事をしている人たちにとって，基本的に必要な条件なのです。つまり，人の成熟と成長とがこの上もなく大切なことだから，それにかかわる司書や学校司書，司書教諭の仕事をいい加減なものとしてはいけない，と主張しているのです。

　第1章から第7章までは，原著の内容をできるだけ要約しました。したがって翻訳とはいえません。その節が原著のどこにあるかを示すため，原著の章節の記号を残しました。要約文の末尾，【　】内の三桁の数字がそれです。複数の節をまとめた場合は，【121-126節】と表示しました。

11　学問としての原理

その表現：図書館学の第一法則は，他の分野のそれと同様に，その分野の学問としての原理を具体的に表現するものです。それはまったく自明なこと，あるいは取り立てて言う必要のないほどに瑣末なことと見えるかもしれません。しかしそれはすべての第一法則に共通かつ不変の性格で，ニュートンの運動の法則の場合でも，インド哲学の基礎を示すウパニシャッドの場合においても同様なのです。ここではそれは，《本は利用するためのもの》と表現されます。この意味の正しさについては誰も疑いませんが，しかし，図書館主管当局（図書館の管理運営に当たる人たち）で，この意味を理解し，賛成している人たちはきわめて少ないのが実態でした。【111節】

12　第一法則の軽視

鎖につながれた図書館：図書館の実態を歴史的にみると，この考え方がどんなに軽視されてきたかがよくわかります。利用よりも保存を重んじたからです。15〜16世紀には保存のために本を書架に鎖でつなぎ，紛失を防ぎました。これには，後世のための保存という意義が主張されるのですが，しかし，常に「後世」のためにといっていると，「現在」がなくなり，本から鎖をはずす時代は永久に来ないことになります。これは本が貴重品で，写本では大量生産ができなかった，という事情があったからです。印刷術の発明によってこの事情は大きく変化しましたが，しかし図書館では，この保存という考えを習慣として継続しました。本の自由な利用を妨げる規則や考え方に支配されていたからです。18〜19世紀になっても，貸出をすれば図書館に本が残らなくなるといって，なるべく貸出をしないようにしたり，読者を訪ねて本を回収したりした図書館長たちの話も伝えられています。【121-126節】

現代の図書館長：現代においては，本というものに古代から内在した「利用されるべきもの」という性質が，図書館学の第一法則としてはっきりと現れてきました。この第一法則をしっかりと理解し，実行しようとする図書館長は，本が貸出されて書架が空になるのを，自分の職責を果たせたとして喜ぶのです。だから，図書館長は，読者から本をとりあげるためではなく，新しい本を紹介するために地域に出かけます。

　この過程は次のようにまとめられます。つまり《本は利用するもの》という考え方の浸透につれて，①鎖が外され，②

選ばれた少数の人と貸出料金とを払う人にだけに利用を認め，その後に，③館内での利用は誰にでも，となり，最後に④無料の貸出が始まって自由な利用が実現したのです。【127節】

第一法則の力：さらにこの考え方が定着すると，第一法則の奥深くに潜んでいた深い意味が表れてきます。つまり，図書館の中で来る人を待ってサービスするだけではなく，本の利用を積極的に進める方法が考えられ，実行されるように変わっていくのです。たとえば分館・分室の設置から始まって，いろいろな障害によって図書館に来ることができない人たちへの名目的な費用による貸出，ついで図書館の配本所としての仕事を引き受けてくれる家庭への本の無料配達，それから最後に自動車図書館，という順序で進むでしょう。

　その次には何が生まれるでしょうか。公立図書館がこういう組織を持つと，その組織の蔵書を活用して，本を次々に調べることができ，個人の蔵書よりもずっと便利なことが認められることになるでしょう。【128節】

13　図書館の立地

　図書館主管当局が果たして第一法則を重んじているかどうか，それは図書館を建てる場所の選び方に現れます。インド南部のある町では，はじめ，郊外に建てようとしていました。「町の中は埃が多く本が汚れる」というのがその理由でしたが，いろいろな人が入ってくるのを避けるために遠くを選んだのではないでしょうか。ランガナタンは，図書館を市の中心地，つまり市場の近くに，誰でもが来られるところ，と提

案して，市の有力者たちを驚かせました。欧米の実例と五法則とを説明して，やっと，「それも考えてみるか」ということになったのです。別な町ではある委員が冗談に，「交通の便のないところがよい」といっても反対は出なかったそうです。これは図書館が「あればよいもの」であり，「町の装飾」であって，利用のためではなかったからです。

　欧米諸国では，市民が用事で行かなければならないところ，つまり市の行政や経済活動の中心地に図書館を建て，市内各所に分館や配本所をつくり，市内全域に活動を広げるようにしてきました。1920年代，つまり第一次世界大戦の終結後には4〜6万人に一つの分館という例がいくつも見られました。【131-133節】

商店の立地条件：こんなふうに図書館の組織ができると，《本は利用するためのもの》という考えが定着し，「読者が使うからこそ，図書館としての価値がある」という理解が広がります。お店を開くときには，人が来やすい所を選ぶでしょう。図書館もそれと同じなのです[1]。

　学校や大学での図書館の位置も同様です。第一法則を信頼すればするほど，その図書館の規模は大きくなり，キャンパスの中心に置かれます。これは《本を使う》ということの教育上の意義と方法とを高く評価するからです。建物の全面積の半分を読書に関する施設，つまり図書館とする大学もあるといいます。そうなると学生も院生も，自分の部屋よりも図書館で勉強するようになるでしょう。図書館は大学の知的活動センターとなり，将来は大学の性格そのものが知的活動センターになると予測する学者もいるほどです。【134-136節】

14　開館時間

第一法則の軽視：第一法則は開館時間の決定にも大きな影響を与えます。19世紀末までは保存が中心でしたから，各地の図書館は閉まっている時間が長く，開館日は週に1回か2回，数時間だけという状況でした。まさに第一法則の軽視です。ランガナタンはここでマドラス大学の実例を挙げています。図書館改革事業の一環として，学生や教員の図書館利用状況を調査し，平日は午前10時から午後5時まで，土曜と日曜とは午前7時から午後2時までの開館と決めました。まだ第一法則が普及しない時期に，大学当局の承認を得るのは容易ではありませんでした。しかしその結果，利用は大きく伸びたのです[2]。

　このために増えた仕事をどう消化するか，館内で相談しているところへ，大学のエライ人が来ました。彼は，「一番利用が多い時間の前に閉館すること。そうすれば利用者が来なくなって，問題は解決する」といったのです。【141節】

第一法則の不思議な力：《本は利用のため》という考え方は欧米では急速に広がり，電灯の普及とともに開館時間は長くなりました。マドラス大学でも土曜，日曜を含めて午前7時から午後8時までになりました。図書館の理想「**人が起きている時間にはいつでも**」の実現に近づくことは，各地の図書館主管当局が，第一法則の正当性をやっと認めたことになります[3]。

　「そんなことをすれば経費が大きすぎる」という人があるでしょう。しかし，図書館のための余分な支出が合法的であ

り，しかも人がそれを求めているのであれば，それを支持するのが近代社会です。そして図書館の広い利用から生まれる大きな利益に比べると，この出費はほんのわずかな額にすぎません。本の中に閉じ込められた宝物の価値をこの小額の出費のために制限するのは，まさに「一文惜しみの百失い」に等しいといえましょう。ロンドン大学では，学部図書館の鍵を学生に渡して，いつでも入館できるようになっています。それこそ開館時間の理想「**夜も昼も，いつでも**」の実現です。
【142-144 節】

15　図書館家具

　図書館の椅子と机，書架その他の家具が，第一法則とどうかかわるのか，といわれるかもしれません。これらは，第一法則の実現そのものなのです。保存を主とする時代には，最大の冊数を最小のスペースに，最小の経費で保管することが目的でした。書架は天井に届き，通路は狭く，個々の書棚には扉がつき，鍵が掛かっていました。閲覧室の家具は一番粗末なもので，読者を快適にしたり励ましたりする絵画や肖像を置くことはありませんでした。これを劇的に変えたのが第一法則だったのです。

16　対話

第一法則と，「最少スペースの規則」嬢，「最少経費の規則」嬢の姉妹との対話：五法則の一人ひとりが聡明で包容力と説得力に富む女性として表現されていることは前に述べまし

た。ランガナタンはさらに最小スペースと最小経費の規則をも姉妹として表現します。そして第一法則がその姉妹に語りかけ，問題点を指摘して，相手の反応にはじっくりと考える姿を描いています。その結論と，この2人から与えられた好意的な助言を箇条書きにしてみたのが次の6項目です。

1．書架の高さを2メートル以内にする[4]。
2．書架間の通路は2人がすれ違えるように137～183cm程度とする。
3．書架には扉や錠前をつけない。
4．閲覧室は最高の書斎のように快適に調える。壁掛けや花，絵画，扇風機，電灯，飲み水と手洗いとを備え，付属施設として，簡素な食堂と疲れたときの休憩室とを置く。まじめな学生が夜も勉強できるように，電灯を備える。図書館を本を死蔵する場所としてではなく，最高の快適さを備えた仕事場と考える。
5．ここに含めなかったものは，講義室と展示室とである。それについては第一法則の妹の第三法則に委ねる。
6．2人の姉妹からの好意的な助言：
（1）　高齢の管理者たちを説得すること。
（2）　それはきわめて困難なので，慎重に行うこと。

17　図書館員

第一法則の出現で最も大きな影響を受けるのが図書館員です。何といっても図書館を良くも悪くもするのは図書館員なのですから，第一法則と図書館員との関係は注意深く検討しなければなりません。実際，19世紀後半以来，図書館界は

この問題に対して大きな努力を払ってきたのです。

図書館員の資格：保存を目的とした時代，火，水，虫，人間が本の敵であって，それと戦うのが職員の役目でした。これは誰にもできる仕事とみなされ，体が不自由な人，やる気がない人，気が短くて周りと融和できない人などが回されてくることが多いものです。管理人 (keeper) という古代の職名は，図書館としての仕事が重んじられなかったことを示しています。英米両国で図書館専門職の必要性が認識されるのには長い時間がかかりました。図書館の仕事には，専門の訓練とエネルギー，注意深さ，特別の適応性などが必要であることが，まだ知られていなかったのです。

　しかし，総合大学に本についての教授を置くべきだという考えは 19 世紀後半には現れていますし，「図書館は，館員が本の利用の方法について教えるまでにならなければ完成しない」ともいわれました。しかしインドではそういう発言も条件もありません。館長の地位も待遇も，この仕事にふさわしいとは言えない状態が続いています[5]。

　インドの大学図書館の職員は事務職で，それ以上の地位ではありません。図書館の仕事をその大学の教育効果と結びつける地位も権限もないのです。図書館担当教授を置いて教育と研究と図書館とをつなぐという考え方もありますが，教授は図書館長ではありません。その役割に対する考え方が違います。また専門学校では図書館員が一般事務をさせられることもあります。

　資格の点では学校図書館が最悪です。図書館事務職の必要性さえも認められていません。持ち時間の少ない教師に管理

をさせるのが普通で、生徒が本を求めてきても、「本を読むより足りない単位を取れ」と怒鳴ったり、ときには殴りつけたりしたこともあるといいます。学校当局が《本は子どもたちが使うためにある》と考えていたら、こうした教師の代わりに学校司書を置き、その人の専門的訓練と思いやりとによって、すべての子どもたちを図書館に惹きつけたでしょう。そうなればその図書館を「**学校の心臓**」と呼んでよいでしょう。実際、成人した後で学校司書と図書館の様子を思い出し、生涯にわたる知的活動の源泉として、尽きることのない感謝の念を持ち続けている人もいるのです[6]。【170節】

図書館員と学識：そういう図書館員には当然**学識**が必要になります。しかし、第一法則に基づいて図書館には専門の職員を置くべきだということを納得したとしても、図書館主管当局は長い間図書館員の資質と資格の重要性を認めようとはしませんでした。そのために第一法則は、開館時間を新しく定めたときよりももっと激しい戦いをしなければなりませんでした。働く人なら誰でも、自分の仕事についてよく知らなければならないことを知っています。しかし図書館員の仕事が幅広い学識を必要とすることは、長い間理解されませんでした。今日、欧米諸国で、図書館員とは学術的な職業であることを疑う人はいません。しかしインドでは、これがほとんど知られていないのです。

その実例として、ランガナタンがある高官の自宅に招かれたときの逸話があります。人を招いて食事をともにするというのは、おそらく当時の社交界でよく行われたことなのでしょう。招待者は最初、自分の賓客が図書館員であることを知

って，そんな仕事をしている人を，高い地位にある自分が招く必要はないと思いました。ところが会ってみると，この人は修士号を持ち，図書館の管理をしていることがわかりました。高い学歴を持ちながらそんな仕事するとは気の毒なことだ，と主人はランガナタンに深い同情を寄せました。その後，この客人が主人よりも高給を得ていることを知って，大いに憤慨したといいます。こういう人は決して例外ではありません。図書館を使ったことがなく，よく管理された今日の図書館の実力を知らない人にはよくあることです。

一方，図書館によく行き，一つのテーマを追求している人は誰でも図書館に対する期待を持っています。それは，自分の分野の専門用語について理解し，それを調べるための書誌や方法を知っている図書館員が少なくとも一人，図書館にてほしいということです。ある大学の学長は，「図書館を管理する人は誰でも，人を導くことができなければならない。**行政能力とともに，図書館学の学識が必要**だ」といっています。

それでは，図書館の**新人として必要な学識**とは何でしょうか。常識がなくて人に笑われる人，学者風でもったいぶる人，細かなことを必要以上に詮索する研究者気取りの人は，いずれも図書館には不向きです。図書館員として必要な学識とは，判断力，自制心，それに科学的にものを考える習慣を持つことから生まれます。そしてその専門性とは，書誌についての知識と経験とを豊かに持ち，さらに自分も「学ぶものの一人」という態度を持つことから身につくといわれています。英国では，図書館員は，知識のあらゆる分野への広い探究心と，読者の知的探求への共感とが必要だといいますが，それはこの共感が，図書館資料の選択，読者への助言の提供，読者が

求める文献を見つけるための方法をきわめて短時間のうちに考え，読者を援助するという仕事の基盤になるからです。さらに図書館員は，本を単に知識の普及に使うだけでなく，知識の領域を広げ深めるための力をも持つべきだともいいます（書誌については 476 節参照）。

　欧州の大学の図書館学部に正規の学生として入学するためには，**総合大学の学士号**が必要です。それが資料の選択，読者への助言の提供，読者が求める情報がどこにあるかを短い時間で考え，読者が資料を探すのを援助する，というさまざまな仕事の基礎になるからです。ある識者は，「資料費を減らしてでも力のある職員を雇用すべきだ。その力とは，館長と館員それぞれが持つ特性と，今までに備えた学識である」といっています。【171 節】

専門職としての教育：単に学識だけで図書館員の仕事ができるわけではありません。多くの人は，本が好き，読書が好きであれば図書館員に向いていると考え，図書館のことなら自分はよくわかっている，と思い込むものです。自分をある分野の専門家と考える人であれば，図書館員もまた図書館という分野の専門家であることがわかるはずです。よくは知らない他の分野に口を出すよりは，お互いの専門を重んじるのが当然ではないでしょうか。

　図書館員の専門性が認められないのは，**新しい専門職のハンディキャップ**だともいえましょう。「保存さえしていればよい」という時代から《本は利用のためのもの》に変わったそのときから，図書館の仕事（Librarianship）にはいくつもの課題が生まれ，それを解決するために，組織的に組み立てら

れた専門教育が必要になったのです。医学や工学や法律学などがそれぞれの学問に基づく専門教育を必要とするのと同様，図書館員もまた学問的研鑽と技術の習得とを必要とします。今までに専門職とみなされてきた職業の人たちは，自分の分野の専門教育の必要は確信していながら，図書館員の専門教育には疑いを持つのです。それは，自分の職業が遠い昔に成立したため，専門職確立の苦労をすっかり忘れ去ってしまったからです。図書館学は新しい学問です。特権によって保護された人たちは，新しくその世界に入ってくる人たちを排除しようとするものですが，それは人間の常です。この戦いが終わるのは，訓練された図書館員のサービスによって喜びと利益とを得，この仕事の価値を知った新しい世代の医学者，工学者，法律学者たちが，その分野の指導的な立場に立って発言するときを待たなければならないでしょう。

　この問題への対策として**英国では**次の二つを強調しました。
 (1) 図書館員は訓練された専門家であることを原則とするように，世論に働きかける。
 (2) 図書館管理当局に対し，新人選考に際して応募者の専門的訓練に重点を置くべきこと，採用後の現職教育（技術と専門教育と）を実施すべきことを，その職にある者の責任として実行すべきであることを強く要求する。

　五法則が発表されたころには，英国以外では米国が最も進んでおり，図書館学の教育機関として認可された大学は14校に上ります。欧州では専門知識を持つ図書館員の養成に教育省が責任を持つ国が目立ちます。日本ではずいぶん以前に図書館学校が設立されました。中国にはブーン図書館学校があります[7]。

さらに重要なことは，この時期に欧米諸国では，図書館専門職がすでに揺籃期を過ぎて成熟期に入り，いくつにも分化を始めたことです。この新しい枝はやがて独立してその個性を発揮すると思いますし，半ば独立した図書館専門職（今日のフリーランス・ライブラリアンの先駆）も，専門職団体の周囲に成長することでしょう。それは巨大なベンガルボダイジュがたくさんの気根を枝からおろして，元の木とは別の木のように見えながら実は一本の木であり，たくさんの鳥にねぐらを提供しているのと同じだといってよいでしょう。

　インドでのこの教育は1929年，マドラス図書館協会が図書館学の夏期講座という種を2年間育てました。機会が熟してその種がマドラス大学に移され，教育の充実と卒業生の職場の開拓に新しい展望が開けました。この種が育って大きな木になり，その果実がインド全体に広がることが期待されたのです。【172節】

図書館員とその地位：第一法則の次の課題は，古い俸給表を改めて図書館員の地位の向上を図ることでした。《保存のため》という考え方が倉庫番というイメージを生み，給料は低いままに抑えられていました。それではこの仕事にふさわしい人を集めることはできません。しかし第一法則について何も知らない図書館主管当局にとっては，図書館員の俸給表を改め，待遇を改善することなどは考えのほかでした。その必要性を理解させ，確信させるのは，まことに骨の折れる仕事でした。

　第一法則は，不平を持つ館員が**社会的に危険な存在**だということをよく知っていました。給与が低ければ，仕事に必要

な情熱を育てることができません。また，館員の給与が低いことを知れば，読者は館員を軽蔑するようになります。その軽蔑に対する感情は，結局は読者に還元され，読者自身に不利益をもたらします。その結果本の利用は低下し，第一法則の実現が危ぶまれることになるのです。

　人間社会が経済によって展開してきたことは否定できません。しかし，富の神は人格上の欠点を持ちます。無条件で従うことはできません。それなら善とはなんでしょう？　人間は，物事を究極の価値によって判断しているでしょうか？　いや，人の属性を決定するのは，カネなのです。**金銭が地位を決定し**，世界を支配するのです。人が提供するサービスさえも金銭に置き換えて評価します。そこで給与を低く抑えられた館員にとっては，第一法則の努力も，本が少ない図書館，読者の来ない図書館と同様に，虚しいものでしかありません。しかし図書館の三要素，つまり本と館員と読者とは一体のものですから，館員の財政状態がよくなって生活が向上することは，他の二つ，つまり本と読者との数が増え，種類が多くなることになって，第一法則の実現に必要な条件を生みます。人の地位が富の神の気まぐれに左右されるという今の条件が続く限り，「図書館員の給与を高く」と第一法則は言い続けなければならないのです。

　図書館の仕事がこれほど大事なのに，館員の待遇が関心を惹かないのは，図書館サービスから受ける利益をどう評価するのか，それが人によって異なるからです。医師や弁護士に対する支払いは，生命や財産にかかわることを処理してもらうのですから，支払いに文句をつけません。ところが図書館員の仕事は，教師の仕事に対する評価と同じように，後から

現れるものです。もっといえば，後にならなければわからないものなのです。1年後，10年後にわかるでしょうか。この影響は誰にでも共通で永続的なものですが，それでも30年後，50年後でなければ結果が表れません。ランガナタンはこれを，神の悪戯だ，といっています。まったくそういうより仕方のないもので，図書館員の悩みの一つです[8]。

そうはいっても，第一法則は**欧州諸国**でのこの悪影響をほとんど解決しました。大学では図書館長は学部長と同等の待遇ですし，単科大学では教授と，学校図書館員は教諭と同じです。市立図書館長は市の幹部職員として各局長や収入役，教育長などと同等です。**インドでも同様でありたい**とランガナタンは願っています。そうしなければ，インドの子どもたちが欧州の子どもたちと同じ成熟と成長との環境を持ちえないのです。インドの図書館と図書館員の進歩と充実とを図り，図書館学の第一法則の普及によって，世界の他の国々の子どもたちが獲得している豊かな知識の世界を展望する場所，つまり図書館をインドの子どもたちのために用意したい，ランガナタンの五法則は，そういう強い思いの上に立っています。そしてこれは第二法則においても説明しています。

中世インドの大学には図書館がありました。その地位は今日の大学図書館と比較してもほとんど遜色はありません。それがナガイ（Nagai）の遺跡から発掘された碑文で明らかになりました。1058年には，252人の学生と6人の教師，6人の図書館員を持つ大学があり，図書館員も教員と同じ待遇であったといいます。今日の西欧の教育機関で図書館を正当に評価する学校は，学歴など資格要件をきちんと持つことを条件として，館員を専門職として待遇しています。インドにはナ

ガイの大学のような前例があるので，西欧の水準にすぐに到達できるだろうとランガナタンは期待しています。【173節】

図書館員とその責任：これまで述べたように，第一法則の最初の仕事は，図書館員とはどういうものかについて図書館管理者を教育することでした。その前提条件は：
 (1) 図書館には図書館としての特別な職員が必要なこと。
 (2) 学識ある職員であるべきこと。
 (3) 専門教育が必要なこと。
 (4) きちんとした給与を支払うべきこと，です。

次に，館員自体をこれにふさわしいレベルに引き上げること。もし館員がその学術性と報酬と地位とを支えている高潔な理由，つまり《本は利用するためのもの》を忘れていたとしたら，それは悲劇です。それを忘れないためには，いつも反省の必要があります。図書館員は常に第一法則の実現を心がけなければなりません。図書館の本は，利用のために収集され，整理され，保存され，提供されるのだ，ということを腹に据えるのです。熟練した人から指導を受けながら行う，果てしない整理作業と日常業務とは，すべて「利用」のためだからです。この第一法則の最も基本的な使命を完全に遂行するためには，この使命の確認と，仕事に必要な学識と専門的訓練を身につける努力が必要です。そしてそれだけではなく，それと同様に必要な，図書館員としての確かな姿勢と仕事への関心とを育てなければならないのです。【174節】

図書館員と読者：まず読者について考えましょう。読者は生きた図書館活動の本質的要素です。残念ながら館員の中には，

管理第一をモットーとして，読者に関することは何事によらず後回しにする人もいます。第一法則が普及する以前ならやむを得ないかもしれませんが，今となってはそれでは困ります。もっとも1930年代には読者が館員に対して失礼な態度をとるのを，館員が我慢することになるかもしれませんが。

今日の図書館は，近代的商店の経営法から学ぶべきだとランガナタンは主張します。どんな図書館でも，館員は商店員と同様，読者が来るのをただ漫然と待つわけにはいかないのです。館員としての受け持ちの仕事があって，それを処理しなければなりません。それでも，読者が図書館に入ってきたら，その仕事をすぐにやめて挨拶し，読者を**歓迎**し，その人のために**気配り**をしている，という印象を与えるのが図書館員としての勤めなのです。読者に悩まされることは決して少なくありませんが，それでも**明るい態度と礼儀**を失わないこと。「お客さんは，明るく気持のよい館員がいる図書館に集まる」ことは覚えておいてください。くれぐれも気をつけたいことは，**不適切な態度**をとって，「あの人は何のために図書館にいるのだろうか？」と思わせてはいけない，ということです。

これとは逆に**適切な態度**とは，読者が家庭で「図書館の受付にいる若い人の笑顔は素晴らしい。図書館全体を明るくする。そして『来てよかった！ こここそ自分たちが来るところだ。図書館は何もかもが快適で，仕事が終わったらいつでも行きたい』と思うところだ」と家族に語るようなことをいうのです。

つまり読者の一人ひとりが，図書館長の晴れやかな個性を感じるようにしようというのです。館長はちょうどインドの

神，クリシュナのようにいつでも一人ひとりのそばにいてくれる存在であって，いすに座り込んで動かない人ではなく，休憩室に逃げ込んで出てこない人でもないのです。いつでも読者の間にいて，読者を援助する人です[9]。【175節】

図書館員と心理学：歓迎の姿勢を示した後は，その読者が図書館の利用に慣れた人かどうかを判断し，その人に対して適切なサービスをします。この役割を十分に果たすためには，図書館長は心理学に詳しくなければなりません。さらに最もすぐれたサービスを提供するためには，図書館員一人ひとりが人の心の動きを知らなければならないのです。それは，すべての図書館員に大学で心理学の理論を学ぶべきだ，というのではありません。子どもでさえも，観察によって親や教師に対する気配りの仕方を学んでいるではありませんか。図書館員はその仕事上人びとを観察する機会が無数にあるので，日常の実践を通して心理学の生きた知識を得，人間性を理解する力を養うように努めなければなりません。

また図書館員は，ありとあらゆる種類の読者に接するのが仕事です。そこですぐれた図書館長とは，気難しい読者に応対できる人のことをいいます。それができなければ，図書館の本の利用はそこで止まってしまいます。つまり，本についての知識はこの仕事の半分でしかないのです。気難しい人に適切に応対するのには，その人を理解しなければなりません。彼が文句をいうのは，本心からか，単なるポーズなのか，意地が悪いのか，あるいはそういう癖を持った人なのか，それを判断するのです。それをしないでいると，多くの潜在読者を図書館から遠ざけてしまうでしょう。図書館サービスの成

功の鍵は,すぐに解決できる問題を持ってきた人への迅速な対応と,扱いにくい人について知り,その人のために働く忍耐と知性とにあるのです。

ランガナタンもこんな例を引いています。ターバンを巻いたインド人の図書館員が,礼服に威儀を正した英国紳士に応対しました。紳士は自分の必要なものは自分で見つけるから,という態度で,この館員からの援助の申し出を無視しました。しかし,汽車の時刻が迫って,とうとう来館の目的を告げたのです。館員はすぐに適切な資料を提供しました。紳士は目的を達し,満足して駅に急いだといいます[10]。

また一方では,**読者のためらい**という問題もあります。図書館員がレファレンス・ライブラリアンとして生きようとするのなら,まず自分自身のはにかみとかためらいを克服し,他人のそういう感情にも配慮をしなければなりません。

そこで**読者の立場に立ってのサービス**とは,単に本を渡すだけではありません。まず初めて来た人の希望を聞いて,その人に適切と思える本を渡します。そして読者の反応を観察して,自分の第一印象は正しかったか,修正の必要はないか,と考えます。もし渡した本を拒否されたら,逆らわずに次の書架の前に行きます。議論はしません。私たちはみんな人間で,自分が正しいと主張したいのです。しかし図書館員の仕事は自己主張ではありません。その読者が,楽しみとともに知的な収穫を得る本を,自分で探せるように援助するのが仕事です。それを読者と一緒に探すことで実現するのです。強制してはいけません。読者に道を示すことはしても,ひっぱらないのです。もし彼が何も知らなかったら,その水準で考えましょう。本人が自分のことを話し出したら,敬意をもっ

て聞きながら，本を選ぶという目的から外れないようにしましょう。もし聞き分けがなく騒ぎ立てるだけならば，できるだけ早い機会に毅然とした態度をとり，図書館長には当然の職権がある（たとえば退去を求める）ことを知らせます。快い会話で終わるのは望ましいことですが，そこに持ち込もうとする誘惑には負けないことです。

読者には二つのグループがあります。それは，目的の本のところにすぐ行きたくて館員の援助を求める人と，余計な援助なしに自分で本をじっくりと選びたい人とです。この判断を誤ると，いつまでも残る悪い印象を相手に与えてしまいます。図書館員は誰に対しても判で押したような応対をするのではなく，この読者は上記の二つのうちのどれに属するかを考え，判断をして，読者への応対の仕方を決めるのです。

これは**心理学の専門分野**の一つといってよいでしょう。ここに述べたことは，誰にでも通じる原則ですが，それを無視することが図書館学の第一法則の実現を阻みます。多数の館員を持つ図書館の館長はすべて，館員に対し，この普通の原則を重んじ，それを守ることを強調しなければなりません。英国では：

> 読者に対する援助を提供する熱意，愚行に対する忍耐，挑発を受けたときの感情の抑制を，館長は館員に繰り返し強調すべきである。一方，図書館の管理職たちは，人間とはどういうものか，ということについて探求すべきであり，それは心理学の専門分野を構成するほどに重要である。図書館学の研究と教育の上で，これまでよりも一層の関心をはらうべきテーマである。

といっています。【176節】

図書館員による一人へのサービスとは何か：人間性を理解し，困難な問題を解決する喜びは大きいものです。でもそれを図書館で働くこと（librarianship）のすべてだと考えてはなりません。それは目的達成のための単なる手段にすぎないからです。では，図書館とは何でしょうか？　図書館とは，利用のために形成された本のコレクションです。図書館の仕事とは，一人の読者と1冊の本とを結びつけることです。したがって図書館の生命は，人びとに提供する《一人へのサービス》の中にあります。心の底から《本とは利用されるためにある》と確信する図書館において，大なり小なりそれが形に現れ，読者に手渡されるのです。

　この第一法則は，まことに厳しい教師です。ひとたびその立論を認めれば，その論理的な結論から逃れることはできません。そこで図書館長の役目は，本の山を無責任に放り出して，読者に「どうぞご自由に」ということではなくなります。また図書館員が選んだ本を読者に無理強いすることでもありません。この人たちの仕事は，読者を援助することです。それは読者自身の計画や希望の実現のために，図書館員が協力すること，つまり読者自身が力をつけるための援助なのです。この「一人へのサービス」は，自分の使命を理解し，かつそれを盛り立てていこうとする図書館員によってのみ実現できる，と第一法則は図書館員に期待しています。今日，こうした「一対一」のサービスを求める人が増えていますが，それは注目に値します。その要求にこたえるべく注意深く選択された本と，それに伴う適切な案内こそが，その人たちを満足させることでしょう。

　そういう読者は**さまざまな要求**を持ちます。人生観を広げ

ようとか，学校教育での不足を補いたい，新しい知識を得てそれをさらに深めたい，あるいは特定の種類の情報を集めたい，など多種多様です。こういう「一人」の要求に対して，図書館員は誰にでも公平で有効なサービスを提供しなければなりません。そのためにこそ図書館員は，能力も教育の程度も目的もすべて異なる一人ひとりに対して，適切な本を推薦する知識と経験とを持つ必要があるのです。しかも，図書館にある本がすべての読者に同様に役立つわけではありません。ある読者にはまったくつまらないものが，別な読者の理解力にふさわしい唯一のものであるかもしれません。ある本が一人の読者にまったく役に立たないと思われても，他の人にはその考えや説明の仕方，発想などの点でまことに貴重な場合もあるのです。つまりこれは，「適切な読者に，適切な本を，適切な時と方法とによって結びつける」仕事なのです。

　そこで図書館には，**地域社会の知的サービス機関**になり得るという期待が寄せられます。もしそうなるとしたら，図書館には今までよりももっと高い専門性を持つ館員が必要です。館員たちは大学の教員と同様に特定分野の文献について深い知識を持ち，その上に，大学の教員が普通には持たない力，つまり目の前の読者の知的能力と観点とをすばやく読み取り，その要求がどんなものかを直感的に感じ取る能力とを必要とします。さらに第一法則の要求を「一人に対するサービス」の点から見て満足させるのには，その人に対して推薦する本について，必要に応じて専門研究者の助言を求める用意がなければなりません。それはこの読者が，知識の難解な分野を追究してそこに楽しみを見出す人，つまり図書館員の能力を越える問題を解決しようとする人かもしれないからです。

その上にさらに**図書館を大きくする条件**があります。それは，図書館員が豊かな人間性を持ち，行き届いた気配りをし，さらに仕事への熱意と読者の気持ちを洞察する力を持つことです。実際に図書館長と読者との関係は，気持ちの隔たりのない最も快いもので，エラい人がエラクない人に「こういう本を読め」といったり，教師が子どもたちに指示や教訓を与えたりするものではなく，対等な個人同士が，本についての見方や情報を交換するという関係なのです。つまり図書館長とは，図書館に来る一人ひとりにとって友人であり，人生を深く考える人であり，そして知識の世界の案内人なのです。図書館を大きくするのは，ここに述べた，その人の立場に立ってするサービスであり，また著名な詩人タゴールがいったように，「そのひとを温かく迎えようとする気持であって，規模が問題ではない」のです[11]。【177節】

図書館員と社会的サービス：その「一人」が集まって社会を構成するのですから，この仕事は当然社会的サービスという側面を持ちます。つまり，《本は利用するためのもの》という考え方を論理的に推し進めていけば，当然このように高い水準の，心からなる《一人へのサービス》に行き着くのです。そして社会的サービスをすることに心からの熱意を持つ人びとだけが，第一法則が求める高い水準の，名も実も兼ね備えた図書館員となることができるのです。図書館員を作り上げるのには，学識を養うこと，専門教育を受けていること，高い給与を得ていることのどれもが必要ですが，それだけで図書館員になれるのではありません。それらは確かに必要です。しかし学問性は無気力な独占に，専門教育は尊大な自己満足

に，そして高い給与は官僚的冷淡さに陥る危険性を持ちます。そこでこの三つの条件を生かすのには，次のただ一つの条件を満たす必要があります。それは《人のために働く》という志向をしっかりと持つことです。

　社会的サービスにおけるこの喜びは，図書館員である限り，一人ひとりに必要なものです。それは図書館運動の先駆けとなった図書館員には絶対不可欠なもので，どの国においても同様でした。19世紀英国の図書館の開拓者エドワード・エドワーズの次の言葉は，図書館という新しい世界を開拓する人たちが出会う新しい困難と，その努力によって何が得られるかを説明して，世界の図書館員に慰めと勇気の源泉を与えてくれます。

　　図書館の開拓者は，自分の仕事が誰にも正当に評価されないという落胆の中に心の慰めを見出さなければならない。… その困難さも結果も予測し得ない上司のもとで働かされていると，いやいやながら仕事を続けるだけになる。そればかりか，この仕事は目先の称賛のためにしているのではないということや，そういう条件のもとでする仕事には価値がないということを考えることさえなくしてしまうのである。しかし着実さと快活な粘り強さを持つ人にとっては，十分な活躍の場がここにある。図書館の有効性を示す仕事の一つひとつの段階がその場であって，それは優れた思想家の最良の思想を広めることである。見方を変えれば，守銭奴や政治演説家によって腐敗させられた公的機関の強固な地盤のずっと下に地雷を仕掛けて，その不条理さを正すのと同じ効果がある仕事だといえよう[12]。【178節】

18　成果に飛びつくな

しかしもはや地雷に頼るまでもなく，また遠い未来への期待にすがらなくてもよいのです。第一法則がいるからです。彼女は次のように言っています。

　《本は利用するためのもの》という私の言葉を信じて，楽しみと粘り強さとを育てなさい。あなたの任務は，本を提供することです。そのためのサービスがあなたの領域なのです。報酬を求めてはいけません。たじろいでもいけません。成果に飛びついてはいけません。実利的なものも言葉だけの場合でも，また目先のことや遠い先のことであっても，いかなる報酬にも惑わされずに，前進しなさい。

また，クリシュナ卿の有名な言葉は，図書館長に対して特に魅力的です。

　汝の正義は，正義のゆえに行うべきもので，結果を求めて行うものではない。
　結果を動機とせず，
　汝自身が怠惰のとりことなってはならない。

81　平凡な公理　[第8章からの補足]

第一法則《本は利用するためのものである》に対して，それはまことに些細な，わかりきったことだという批判があります。実は科学の第一法則は，ほとんどこれと同様な表現をしています。ニュートンの運動の法則は「すべての物体は，力によってその状態を変えられない限り，静止の状態にある」

と表現されています。これはまったくわかりきったことです。論理学の第一法則も同様で，その分野の学者が取扱いに躊躇するほどに自明のことを規定しています。たとえそれが役に立たないとしても，そこに明らかな矛盾がないことは認めなければなりません。そしてそれは，役に立たないどころではなく，この上に論理を演繹的に組み立てて目的を達するという点では，むしろ有効だと考えられるのです。【818節】

注
1) **商店と図書館**：日本では帝国図書館員・太田為三郎が「図書館は一の営業なり」という講演を 1912 年 5 月の全国図書館大会で行い，教育機関であるとともに，客を相手にするビジネスであることを主張しました。その内容は『図書館雑誌』第 15 号（1912 年 7 月，p.46-51）に掲載されています。また米国では，1980 年ボルティモアの図書館長が近くの家具店（IKEA）の商品の陳列からヒントを得て図書館運営の改革を行い，大きな成果をあげました。
2) **開館の時間と無休開館**：これを決定するため，ランガナタンは図書館の利用状況を調査し，詳細な統計をつくりました。北緯 13 度 8 分というマドラスの自然環境とそこでの生活，つまり熱帯地方での生活を考慮しての計画でした。
3) **電灯の普及**：図書館の先人たちは新しい技術をサービスの充実発展のために積極的に取り入れました。たとえば巡回図書館は人の背から馬になり，馬車（インド南部では牛車）になり，自動車となってその活動地域を大きく広げました。電灯採用以前の図書館は，書庫棟の天井から入る光が下層の書庫にまで届くように，書庫の各層の床をガラス板とした例もあります。強度を保つために，鉄線を入れて補強した厚いガラスを使ったのです。火災を避けるために，照明に火を使うことを極力避けた結果です。窓に直角に書架を配置したのも，外光を取り入れるためでした。エジソンが白熱電球を発明したのは 1879（明治 12）年ですが，その後

の改良によってこの光源が信頼され，導入されるようになったのは，20世紀に入ってからでしょう。図書館の近代化は，こうしたサービス向上の意欲と「もの」およびその技術に支えられて今日に至ったのです。

4) **書架の高さ**：書架の高さを2メートルとは，1920年代のインドの状況に基づいてのことでしょう。それまでは天井まで届く書架で，梯子を使って本の出し入れをしなければなりませんでした。今日では読者の手が楽に届くことを基準として，1.8メートルを限度としています。目の高さを基準として，それ以上の高さの部分は，利用頻度の低い全集ものなどを排架するところもあります。

5) **本についての教授職**：この主張が米国の図書館界でまとまった形で現れたのは，米国政府教育局が1876年に出版した『米国公開図書館報告』(*Public Libraries in the United States of America*) においてと思われます。そこに，2編の論文とともに，それ以前にエマソン（Ralph Waldo Emerson, 1803-1882）が発表した「大学に本に関する教授職を置くべきだ」とする意見を紹介しています。

6) **学校図書館への感謝の念**：これは決してランガナタンの周辺の話だけではありません。50年以上前の生徒からその話を聞いた，という学校図書館員に米国で出会ったのは2005年のことでした。

7) **日本の図書館学校**：ずいぶん以前に図書館学校をつくったとランガナタンはいいますが，もしインドの状況に合わせて図書館学講習を始まりと見なせば1903（明治36）年からとなります。東京大学で和田万吉博士が図書館学の講義を始めたのが1919（大正8）年，文部省図書館職員教習所（後の図書館短期大学，ついで図書館情報大学，現在は筑波大学大学院図書館情報学メディア研究科）の設立は1921（大正10）年でした。

　中国のブーン図書館学校：1920年米国の図書館員ウッド女史が武漢の文華大学に設立した武昌文華図書館専科学校，現在は武漢図書館情報学院です。

8) **富の神の支配**：著者は富の神の支配のもとにあっても，図書館員の地位と処遇の向上を主張します。178節では，学問性と専門職教育の陥りやすい危険と，高い給与の官僚的冷淡さを招くこと

を指摘します。この両面の主張に著者の思考の深さを見たいと思います。

9) **一人ひとりの読者のそばにいる存在**：今日では，館員によるフロア・ワークがあります。読者の間に入り，一人ひとりのために本探しを援助したり，読み聞かせをしたりします。

10) **英国人紳士**：図書館員としての忍耐と知性と専門能力の例ですが，一面，支配者である英国上流社会の一員の，被支配者に対する差別感情とも見えます。この五法則は，その差別の時代においてさえ，教育の平等，知識を求める上での人間の平等を主張し，誰もが学ぶことのできる社会の建設を目標としているのです。

11) **一人の人間として扱われること**：図書館にはさまざまな人たちが，一人の人間として扱われることを期待して入ってきます。それは世界的な傾向です。しかし現代では，この「一人の人間として」の要求が，必ずしも本のことだけではなく，もっと差し迫った要求として現れる場合があります。そしてそれが他の読者の迷惑になったり，ときには生命の危険に及んだりする場合も出てきました。それへの対応のために『こんなときどうするの？－図書館での危機安全管理マニュアル作成の手引き』と『図書館の問題利用者－前向きに対応するためのハンドブック』(中野捷三訳)(いずれも日本図書館協会)という本があります。

12) **出典**：Ranganathan. *The Five Laws*, 2nd ed. p.78.

p.90の写真：国立国会図書館で講演中のランガナタン博士(1958年12月11日)。通訳は同館の桑原信氏。館員・林呆之介，宮坂逸郎，田中梓，彌吉光長，石山洋，金村繁，丸山昭二郎ほかの方々，当日参加された武田虎之助，中村初雄，椎名六郎その他の方々が見える。(石山洋，中林隆明両氏の教示による)

◆ランガナタン博士の来日

在京の館界指導者と。博士の右は、中村初雄、加藤宗厚、裏田武夫、関野真吉の方々。

▲国立国会図書館での講演

第2章　第二法則とその苦闘
《いずれの人にもすべて，その人の本を》
Every Person His or Her Book.

　第二法則の説明には，第2章から第4章までが充てられます。五法則の中では一番詳しく，多面的に説明される法則です。

　これはこの第二法則と人とのかかわりの深さ，多様さを示すものでしょう。本章ではそのうちの「いずれの人」について検討しています。まず，本が教育のために使われることを前提として，第二法則以前に「すべての人に教育を」という視点を強調します。これはこの五法則の構造上，大事な点です。そこから人と本との関係の歴史的な検討に入ります。そして，すべての人が教育を受ける機会を獲得するまでの過程を語ります。次に人間のさまざまな社会的階層と読書との関係（男性と女性，都市の人と農村の人，農村図書館と郡立中央図書館，ハンディキャップを持つ人びと，陸上の生活からは忘れられている海上生活者，成人と児童，生涯学習に対する大学と学校との役割）を検討し，最後に民主主義の下での図書館員の役割を述べて，この章を結んでいます。覚醒した農民たちに，彼らのための本を要求する力とそれを実現する力を与えたのが近代民主主義だとするところに，ランガナタンの考え方がはっきり現れていると思います。

　ここで表現上注目したいことが二つあります。一つは本章でEvery Person というときの人の多様性です。ランガナタンが Every を説明するために具体的な表現をした言葉は，括弧《　》に入れました。

　もう一つは Every Person の後，His or Her Book の前に，動詞がな

いことです。これは第三法則も Every Book Its Reader で,同じ形です。なぜ動詞を省いたのでしょうか？　普通の英文からみて,動詞の省略は異様ですが,第二法則だけに三つの章を充てるほどにこの問題が複雑多岐であることを考えると,この省略の効果が考えられます。つまり,特定の動詞を入れると,この法則の解釈が限定されるのです。むしろその動詞の選択を読者に委ねることで,千差万別な図書館の条件に合う,最も適切な動詞が見つかり,それぞれの法則のより深い展開を見ることができるでしょう。その可能性をどうぞご検討ください。

20　はじめに

第1章では,本と人間とのかかわりの中に含まれていた「本は利用のためのもの」という考え方,つまり第一法則がどう扱われたか,という歴史をたどりました。そして,それがどんなに軽視されてきたかを明らかにしました。さらにこの第一法則が図書館の実務に影響して,本の保管,図書館の立地,開館時間,図書館家具および図書館員の基本的なあり方に,変革（revolution）ともいうべき大きな変化を起こしました。そしてそれがさまざまな変化を引き起こしたのです。

第二法則の出現：第二法則は第一法則に続いて,その変革をもう一歩進めます。ここにこの二つの法則の要点を対照してみましょう。【201節】

	第一法則	第二法則
1	保存のための本を利用のための本に変えた	選ばれた少数者のためから，すべての人に本を，と主張
2	本という物からのアプローチ	本を使う人の面から探究
3	図書館の活性化を図った	図書館を全国的課題に拡大
4	閉じられていた図書館の扉を開放した	新しい図書館の種をまき，革新的図書館という文化をもたらす
5	第一法則実行へのためらい	初期段階での強い抵抗

このように，第二法則がもたらす変革は，もっと進歩した性格を持ち，人間性の向上を目指すものと考えられています。

第二法則の可能性：《いずれの人にもすべて，その人の本を》というこの6つの単語，7つのシラブルという短い言葉のうちに何と豊かな可能性が秘められていることか，とランガナタンは言います。しかしその実現がいかに困難なことか，そして既得権を持つ人たちからの反対がいかに強力であるかが次々と現れます。第二法則について学ぶのには，こういう点について注意深く検討する必要があるのです。【202節】

教育的価値：その検討はまず「図書館とは何か？」という基本から始まります。図書館とは特別な目的のために構成された，本の集積なのです。その目的を「利用のため」とするのが第一法則です。では本の利用とは何でしょうか。本は情報を提供し，人を教育します。また慰め，つまり，安全な楽しみや心の転換（recreation）の手段を提供します。そこで本の教育的価値について，本を教育の道具とみなすと，「いず

れの人にもすべて，その人の本を」という法則は，《すべての人に教育を》という考えが前提になっていることが見えてきます。これがこの法則を考える上での基本的な論点です。「果たして誰もが教育を受ける資格を持つか」という疑問への答えを歴史的にたどっていくと，第二法則もまた第一法則同様，図書館主管当局にはほとんど注目されなかったことがわかるでしょう。【203 節】

21　上流人士と大衆

古代：ギリシャでは「本は選ばれた少数者のため」という考えが支配的で，第二法則は認められませんでした。ローマでは職業と収入の多寡とによって教育の機会が左右されました。

中世：この時代には社会の各階層に排他的な考え方が広がりました。そのため貧困階級の教育を熱心に進めて，教育面での平等を実現しようとした人たちは非難の的になりました。ある召使は，自分と同様に召使として働いている息子を学校に入れたため，罰を与えられたとさえ伝えられています。

18 世紀：排他的な考え方は何世紀も続きました。上流階級の人びとが幸福を享受するために，貧困階級を無知のままに置き，自分の仕事以外には目を向けさせなかったからです。そのため，「本は選ばれた少数のため」という考えが，《ひとり残らずみんなに本を》という考えの出現を巧妙に妨げたのです。【211-213 節】

19世紀：この時代も同様でした。少数の支配階級と多数の被支配階級とに分かれ，後者は教育を受ける権利も本を読む権利も持ちませんでした。産業革命後，働く人びとの知的水準の向上が必要になって，ロンドンに職工学級が生まれましたが，貴族は一銭たりとも寄付をしませんでした。それは，労働者を教育すれば反逆者になる，という考えが支配的だったからです。ロンドンの著名な洋服仕立人が読書を趣味としてかなりの個人蔵書を持ちながら，それを顧客から隠し通したという話があります。もし人に知られたら，身分不相応として社会的に葬り去られる恐れがあったからです。英国の教育法案（1918年）に対して，長期間の入念な教育を労働者階級に与える必要はないという強い反対があったのも，「いったい誰が自分たちのために働くのか」という論拠からでした。【214節】

政治的本能：特権階級が第二法則に激しく反対したのは，この政治的本能からでした。国民の間に教育が普及すると，新しい知識と知性とによって自由への強い期待が生まれ，それによって貴族階級は存立の基盤を奪われます。それを恐れたのです。**英国**では，エワート（William Ewart）が英国最初の図書館法案（1850年）を提出しました。それに対して，国民に知識がありすぎると危険であり，図書館が政治教育の場になるという強い怖れからの反論がありました。そして一般大衆に図書館の利用を認めることは，安全でも賢明でもなく，政治的な見地から見ても適切ではないという議論が行われたのです。それは大衆の民主主義を荒削りで非文化的なものとみなし，知識階級の聖域を侵されることを恐れたからでした。

ロシアでは1913年,モスクワに図書館員のための学校が開設されました。このとき極右政党のリーダーが議会で「革命への道を開くものを,なぜ認めたのか」と質問しています[1]。
【215節】

自己保存という直感：第一法則はずっと伝統的な習慣と闘ってきたのですが,第二法則はさらに,政治と経済とに基づく本能的直観に直面しなければなりませんでした。支配階級はこの直観を信じ切っていたのです。それは彼らの自己保存の要求から生まれたもので,それだけに強力でした。

しかし社会には,もっと広い立場から逆の結論を出す人たちがいました。工場が建てられ,その地域に人口が増加すると,貧困,伝染病,新しい社会への不適応など,想像を絶する混乱が生まれました。識字力を持たないことも混乱の大きな原因でした。上流階級は安全な地域に逃避しても,やがてはその混乱に対処せざるを得なくなります。そこでその人たちは,自らの保全のために信頼できる助言を求めたのです。

アダム・スミスはその助言者の一人でした。彼は,文明化され,かつ商業化された社会では,若者は一定の知的能力を持つべきだと考え,一人前の働き手として認められるために試験を受けるという制度を提案しました。これは一般民衆に,地域の学校での教育義務を強制することになります。有識者としては,民衆が教育を受ければ受けるほど熱狂や迷信から遠ざかり,よき指導のもとに知性を身につければ,常に品位と知性との向上を求めるようになると期待したのです。それによって民衆は自分の個性を重んじ,他からも敬われ,上司からも重んじられ,上司への尊敬も持つことになり,政府に

対しても，理由のない反抗をしたり，扇動に乗せられたりすることもない。とすればこれは国の大きな利益になる，と考えたのでした。【216節】

学習の梯子—貧民街から大学へ：スミスの考えが全面的に承認されたわけではありませんが，大衆の中に教育を広める運動や出版活動は盛んになりました。1830年代の大衆的な雑誌や百科事典,聖書の絵ときなどの出版は《すべての人に本を》という第二法則の主張を助けました。それ以前の官吏たちは，農民がその父親の土地に，同じ道具で，同じ時期に耕作することを望んだのですが，開明的な思想家は《すべての人に教育を》という新しい考え方の実現に向かいました。これは困難なことでした。それでも数人の政治家たちの創意と継続的な努力とによって，1870年には教育法規が整備され，1880年には義務教育となり，1891年には無料となりました。こうして「すべての人に教育を」が確立されると,間もなく《すべての人に本を》が登場し，ハックスレー（Aldus Huxley）が夢想したように「貧民街から総合大学に届く学習の梯子」が，静かに現れてきたのです。

　こうした努力によって西欧では，多くの少年たちが本を読み，学校で学ぶ道を探り，自分の生活を立てるようになりました。ノルウェーの漁師の少年が図書館で勉強して米国に渡り，大学で学んでそこの教授になったという実例があります。マドラスでは，生まれも定かではない少年が街灯の明かりで本を読み，高等法院の判事になったという例があるのです。

　つまり第二法則は，将来性を持ちながら社会の底辺にいる多くの人びとを，世の中の役に立つように育て上げる働きを

持っているのです。第二法則が意識されなかった時代には，そのライバル《本は選ばれた少数者のために》がこの若者たちに罵声を浴びせ，本人の意志と能力とがまだ十分に成長しないうちに勉学を断念させたことが多かったと思います。このほかにもホテルの女性シェフが，学校に通う自分の娘に笑われないように英語を学習するとか，警察官が，なぜ犯罪が起こるのかを知ろうとして社会学と心理学の本とをむさぼり読んだ，という例があります。

　次の実例は，アダム・スミスが述べた「教育の普及によって市民が考えるようになる」ことの，米国での実例で，図書館学の第二法則に基づいて行われたものです。それは図書館長から市民への公開の手紙という形で表れました。

　米国中西部のその市には水道がなく，井戸水を使っていました。チフスが流行して，井戸水による感染を防ぐため，市は川の水を濾過して供給する水道計画を立案，その賛否を市民投票にかけることにしました。投票日の 10 日前になって，濾過方式は不適当とする匿名のチラシが各戸に配達され，市民は判断に迷いました。図書館長は，直ちに図書館資料の中から他の市の実例を調査し，チラシの主張には誤りがあることを発見，その結果を館長名で公表したのです。

　住民はこの調査結果に納得し，市の浄水計画は実施されました。そしてチフス菌による死亡率は低下しました。もしこの重大な知識を図書館長が市民に伝えなかったとしたら，図書館はその義務を放棄したことになったでしょう。

　こうした実例はたくさんあります。ここでは，第二法則《すべての人に本を》の成果を述べるのが目的ではなく，図書館学の第二法則が，排他性と貴族主義の障壁を打ち破る戦いに

全面的勝利を得たといえば足ります。19世紀，欧州各国と米国，日本，ロシアには，インドと同様に新しい考えが浸透していなかったのですが，今では第二法則の考え方を受け入れています。これがその証拠です[2]。【217節】

インドの抵抗：外国の状況は変化しても，インドはそのままでした。この停滞の責任は誰にあるのでしょうか？《すべての人に本を》の活動を妨げ，インドを後進国に留めておいたのは，いったい誰だったのでしょうか？

これは**英語教育を受けたインド人**たちがその責任の一端を負うべきだと思います。インドに英語教育を導入した人たちの理想と熱意は評価されるべきですが，これが嫉視と利己的排他主義を生むことと，英国で教育を受けた者たちだけが優遇されることについては予想しませんでした。図書館学の第二法則はその先駆者《すべての人に教育を》と同様，インドではなかなか定着できなかったのです。その責任は英国で教育された若者たちが負うべきです。彼らはきわめて近視眼的で自分のことしか考えず，その結果，大衆はこの教育組織の恩恵を受けることがなかったのですから。

われわれの**希望と信念**は，第二法則のすぐれた能力にかかっています。長い目で見ると，この法則はすぐれた戦略家なのです。世界の意見を背景にして，遠からず第二法則の勝利の日が来ます。それがわれわれの信念です。英語教育を受けたインド人たちが先見性を持つビジネスマンならば，第二法則に敬意を表し，この国に定着している無知との戦いに自発的に参加すべきだと思います。そして第二法則が他の国で実施してきたように，インドにおいても勝利の旗を立て，すべ

ての人に本を手渡すその日にこそ,彼らの存在が明らかになるのです[3]。【218節】

22　男性と女性

　第二法則が出会う障害は,階級対立ばかりではありません。貧富の差も,性別も《すべての人に本を》の実現を妨げました。インドでは女性差別はまだ解決されていなかったのです。

インドの過去とその後：第二法則の強い主張の結果,状況は変わってきました。女性についてインドの家庭で長く続いた保守主義は間もなく崩壊するでしょうが,女性の読書を悪い習慣とみなす現実はなお続いています。過去には,インドの女性は学術研究にも読書にも男性と同等でした。しかし現在のインドには,文字も知らず,教育も受けず,本を手にしない女性がいます。しかし《すべての人に教育を》と《すべての人に本を》という考え方がこの差別を乗り越えたのは,世界各国においても,ここ50年足らずのことです。インドの女性が落胆することはないと思います。

　21世紀においても,女性の読書について世界的な観点から見ると今日なお問題が残るといえましょう。それぞれの文化圏に固有の事情があるために解決が困難なのです。女性の情報・知識要求に応じる体制の確立には,なお苦闘を要するでしょう[4]。【221節】（なお222節は原文に欠けている）

伝統：未開時代から女性の大部分は,文化的・専門的教育を受ける機会はなく,現代までもその活動範囲は習慣的に制限

されてきました。それを越えると「女性的でない」という非難が待っていたのです。

　古代ギリシャでは，高位の女性には教育の必要はないとされました。18世紀までもその考えは続きました。19世紀には男性の偏見から女性の無能力を解剖学的に証明しようとしたこともあります。しかし結局は，理解力と意志の力において男女の違いはないことになりました。それでも**男性の偏見**は続き，女性は刺繍と裁縫とができ，自分の名前が書けるだけの教育があればよいとみなしていたのです。

　こうした状況の下で，**女性自身の偏見**もありました。学ぼうとする少数の女性への軽蔑，妨害，嘲笑に女性も参加して，自分の教育と読書の権利を主張する女性を認めないという現象も生まれました。そして多くの女性は，むしろ伝統的な道を歩むことを選んだのです。それは今日のインドでも同様といえるでしょう。女性の強い保守主義が，第二法則に活動をさせなかったのです。【223節】

女性の教育権：20世紀の社会的不安の中で，今までの習慣や制度が厳しく批判され，それとともに女性問題と教育や本についての権利などが議論されるようになりました。今日では大多数の女性が総合大学で教育を受けることができます。女性には教育はいらないとか，向かないという考え方はすでに過去のものになりました。少なくとも今日では，教育を受けた母親の力によって社会をその根柢から進歩させることをまず主張し，それによって女性教育への道を半歩進め，女性にある程度の自由を確保するという漸進的な方法があります。一方，確実に支持を広げている最も急進的な意見は，教

育においても，政治的，社会的，経済的生活においても男性と同様な機会を持つべきだという主張です。それは，女性が自ら望まない限り，種の保存について，男性以上の役割を果たす必要は社会的に存在せず，学芸，科学，産業の各分野での職業選択に男性と同等の機会が得られるように教育されるべきだ，と考えているのです。

　これに対して，**見習いを通しての教育**がありました。第二法則はこれには関与しませんでした。《すべての人に教育を》を主張する先輩に任せきっていたからです。しかし性差別に対するキャンペーンは階級差別よりもっと複雑です。女性の権利について先輩が差別をすべて排除できたとしても，第二法則が何の苦労もなく前進できたわけではありません。つい最近までは，「女性教育は必要であり，女性の能力は教育に値する。しかし女性に与えられた領域は家庭であり，その教育は母親の見習いをすればよい」という主張がありました。学校教育や書物による教育は不必要，むしろ日常生活から自然に学びとるべきだ，という考えが18世紀後半に根強くありました。それが第二法則の主張《すべての女性に本を》の実現を妨げたのです。

　幸いなことに，性差別の撤廃以前にも「こういう方法では今日の複雑な生活には対応できない。料理法にも保育にも，その後の子育てにも，**正規の学校教育が必要だ**」という認識が広がっていました。それゆえに，すべての女性にも，男性と同様，《その人の本を》という主張が確かなものとして一般に受け入れられてきました。仮に女性が受け持つべき世界が家庭であるとしても，家政それ自身が技術であり科学であることが認められてきたのです。それは芸術と科学という二

つの面の有機的複合体で，家庭生活全般を含み，家政学という専門領域を形成します。男性が自分の職業のために訓練されると同様に，女性もその任務のため，常に訓練されるべきだ，と考えるに至ったのです。

さらに，**本を通しての教育**があります。男性にはその仕事のために専門教育の機関がありますが，女性の専門分野は男性に劣らず重要とされながら，19世紀には教育機関がありませんでした。今日ではすべての先進諸国で，初等教育の適切な展開と本の豊かな供給とが，人の生涯にわたる教育を目的として続けられ，こうした非難は終息しました。《すべての女性にその人の本を》とは，今日の図書館の方向を示すモットーです。図書館は今や，それまで立ち入ることができなかったインドの女性の居間に本を届けるようになりました。それによって，生まれた子どもを育てるために，すべての母親が子どもと自分とを図書館に登録できるようになったのです。このように分野と利用者とを特定したサービスの展開が，この次の段階における第二法則の努力の特徴として捉えられます。【224節】

科学的研究：それでも，《すべての人に本を》という第二法則の進路から性差別が完全に除去されたのは，この戦いの第三段階，つまり20世紀に入ってからのことです。それは，伝統的な「女性の領域」と「女性の能力の低さ」についての批判的検討とともに始まりました。当初は**解剖学的研究**によって伝統的な見解が支持されたのですが，1897年，計測結果の数学的解析によって男女間の顕著な差は否定されました。1914年にはさらに統計的研究が進められて，以前の疑似科学的結

論は否定されました。それに続く**心理学的研究**によっても，知的格差は存在しないと確認されたのです。【225節】

平等の主張：実験心理学は，性差別による労働の分業に学問的な根拠はなく，あらゆる職業において男女は知的に平等であると証明しました。そして，女性に対する高等教育は，豊かな才能という富を国にもたらし，さらに教育のある女性，つまり《彼女の本を与えられた》女性は，子どもや若者の教育において，知識を持つ男性よりもすぐれていると主張されるまでになりました。今や第二法則が性差別の破壊のために高らかに宣言する機会が訪れたのです。その宣言とは次のとおりです。

> 教育は女性の教養と才能とを男性と同様に向上させるべきである。自分のために本を選ぶ権利は，男性とまったく同じでなければならない。第二法則が提供する本は，一人ひとりの違いに基づいて適切に選ばれるべきであって，性別によるのではない。そのために第二法則は，女性に対し，家政についての本や家族への献身の本を提供することを目的とはしない。本というものは，性別にかかわらず，すべての家族のためになるものだからこそ，家庭に入っていく正当な権利があるのである[5]。【226節】

23　都市の人と農村の人

第二法則《すべての人に本を》が乗り越えるべき次の課題は，都市から地方に出るということでした。学ぶことと読むこととについての収入や性による差別は長く続きましたが，

近年，だんだんに解消しました。しかし，地方に住む人たちのために《すべての人たちに本を》という声が都市から外に出たのは，やっとわれわれの時代になってのことでした。もっと正確にいえば，地方に住む人々の本に対する権利が認められたのは，第一次世界大戦後のこと，つまり1918年以後のことでした。組織的な移動図書館サービスが最初に始まったのは，1905年，米国のメリーランド州とオハイオ州でのことだったのですが，それにもかかわらず，他の各国が地方に住む人たちの要望にこたえて本の供給を真剣に考え始めたのは，ここ10年来のことにすぎないのです[6]。

差別：古代ギリシャ以来，地方に住む人々は学習の機会も文化にふれる機会も与えられませんでした。それは都市の人々の持つ差別感情によって，同じ権利を持たせるべきではないとされたのです。その考え方はいくつもの文献に残っています。

　一方，都市の場合には，その初期の時代から人口集中による市民生活の複雑さや重大な脅威にさらされたため，《すべての人に教育を》と《すべての人に図書館を》という強い要求が現れました。これに対して農村に住む人々も教育と本との不足は同じなのにもかかわらず，その必要性は認められませんでした。無知と本の不足はまず都市で意識され，農村においては長い間顕在化しなかったのです。

　しかし，**農民の重要性**は無視できません。農業こそが世界に食物を供給するのです。それには農業技術の熟練と進歩とが必要です。そこで国は，自分の仕事をよく考え，変化に対応できる農民を必要としますが，それは農村でよく本が読ま

れることによってのみ実現できるのです。国の強さと繁栄の基礎は，結局は農民の家庭と田畑とにかかっているのです。

今日の国際競争の時代に，農業その他の地域産業が古い生産方法と市場とを守っていては弱体化するばかりです。そこで**アイデアと本の流れ**とによる刺激と，そのアイデアへの関心を不断に呼び起こすこととが必要になります。毎年創案される新しい農業の方法，市場の開拓，農村と都市との間の交通の新展開，そして機械と人との問題などが緊急の課題となるでしょう。こうして，一世代の間に農村の生活は変わり，手づくりから農業機械とその技術の普及という絶え間のない変化が生まれました。これに対しては「本という学校」と「経験という学校」とを併用して，絶えず新しいアイデアの流れを補わなければならないのです。

次に**マーケッティングの流れ**とその変化の問題があります。マーケッティングの改善には進歩的な農民と，農民に対する本や雑誌の供給とが必要です。農作物の生産量と運搬方法が変わり，市場はインド全体にどころか，世界各地に及びます。今後の農業には知識と管理能力とが必要となり，資本力と頭脳とを持つ人を引き込んで，資本化された産業となることでしょう。農民が無知のままでいたり，伝統を墨守したりしてはいられない時代です。国が世界と歩調を合わせて進むのであれば，農民もまた不断に向上しなければなりません。それには最も近代的な科学的および経済的事実を学び，そのアイデアを身につけることです。それは本や雑誌なくして可能でしょうか。《農村人にその人の本を》を，これ以上遅らせてはならないのです。

これは，農民に**社会的視野の変化**をもたらします。コミュ

ニケーションの発達と移動時間の短縮と旅費の低廉化とは，地方を都市に近づけ，新しいアイデアを地方にもたらし，地方の生活改善への意欲を生み出しました。地方での生活は知的な面で変化し，偏狭な地域主義は急速に消滅し，服装も変わりました。都市との財政的，社会的，政治的関係が確立し，子どもは都市の高等学校に通い，都市の生活様式を学び，新しい友達をつくりました。こうして新しい世界が広がったのです。【231 節】

移動図書館：地方に住む人々の生活の都市化から，次の要求が生まれます。「なぜ都市の人々だけが市立図書館や文化施設を持つのか。なぜ州は図書館その他の施設をつくってくれないのか。われわれもまたものを考える力も意欲も持つ。自分たちの図書館がほしい！」。近代民主主義は，このような覚醒した農民たちに「彼らの本を要求する力」と「その要求を実現する力」とを与えてきました。実際，これこそが最初の移動図書館の起源だったのです。

米国**メリーランド州**ワシントン郡では，本に対する住民要求が高まったのですが，高価で買えませんでした。郡の図書館司書に相談したところ，馬車で本を巡回させれば，ということになり，1905 年に実現しました。1910 年にはそれが自動車図書館になりました。現在では米国中の 300 の郡が移動図書館を持っています。メリーランド州のアイデアは，農民要求から始まったことに大きな意義があるのです。

英国ではカーネギー英国財団が村人たちに，本に対する要求の実例を示し，図書館の建設費用と 5 年間の運営費を提供しました。5 年間のサービスによって，それまでの潜在的読

書要求が表面に現れることを期待したのです。財団役員はこの計画を各県に提示して図書館設立を勧めました。その結果，英国最初の県立図書館計画が 1916 年スタッフォードシャーで開始されました。ここから《すべての人に本を》というキャンペーンがほとんどすべての県に広がったのです。その結果，英国の人びとの本に対する要求は確かなものとなり，法律も整備され，イングランドとウェールズとに施行されるに至りました[7]。

インドでの改革は，英国と同様，農民たちに「彼らの本」を要求する力を与え，近代的快適さを持つ農村図書館の全国計画を求める力を与えました。間もなく彼らはその力を自覚し，それを行使すると思います。今のところインドの農民がカーネギー財団の援助を受ける見込みはありません。しかしマドラス図書館協会は継続的かつ組織的に広報活動を進めていて，第二法則からのメッセージを地方に伝え，本を使うことと，図書館サービスを受ける権利について，村人の目を開かせるために働いているのです。【232 節】

農村から都市への人口流出：都会の人びとはこの問題に対して関心がなく，利己的ですらあることは否定できません。しかしそうではあっても，《農村の人びとにもまた彼らの本を》という第二法則の要求について，都会の人たちが理解するように説明することが望ましいのです。都会人は，村から町への人口流出の防止に関心を持つからです。人口流出にはさまざまな理由がありますが，図書館学の第二法則に従うことによって，その流出を留め得る場合があるのです。

たとえば，人口流出の原因の一つに，**村で教育を受けた少**

年たちが町で就職するという問題があります。それは初期には大きな期待の的でしたが，今は供給過剰になり，職のない者が多くなりました。唯一の解決策は，村の生活環境を改善しながら教育を普及することです。**少年から両親までの人口流出**は親の生活を変えてしまいます。夏，畑を小作人に任せた親は子どものいる町に出て休暇を楽しみますが，この習慣が畑を貸して都市で暮らし，社会生活と教育環境のよさを楽しみ，ついに土地を売って都市に永住するというパターンを生むのです。この非生産的人口流出をどう防ぐかが，大きな社会的課題になりました。かりに教育を受けた子どもが決心をして村に戻ったとしても，村が昔のままで，知的レクリエーションも毎日の仕事への助言もないとしたら，単調な村の生活に飽きてカード遊びにふけるか，町の生活に戻るか，そのいずれかに終わるでしょう。

流出の影響：このような村から都市への人口の流出は，経済的な破綻以外にも，都市の混雑，生活費の上昇，公衆衛生の維持の困難と経費の増大などをもたらします。この**流出の防止**には，地域に新しい農村階級を生み出し，その人たちがそこに住んで，新しい義務と仕事を果たし得る条件を調えなければなりません。これには当然，**農村図書館**を設置し，村にあらゆる種類の本があるようにすべきです。それによって，仕事がない長い夏が過ごしやすくなり，心の底で求めるものが見当たらずに町をうろつくこともなく，いながらにしてそれが手に入ることになります。農村図書館計画が始まれば，本だけではなく，レクリエーションとインフォーメーションのために映画やスライドも村に送られます。音楽会，講演会，

演劇，展覧会などへの援助も，あらゆる機会に提供されます。この農村図書館は，社会生活センターとして，農村にある他の機関よりも長所があります。それはすべての人の共有財産であり，一般に寺院や僧坊では見られない民主主義があるところだからです。

　もし《すべての人に本を》という法則が市の壁を越えて村の人たちに受け入れられるようになれば，第二法則は今まで都市部だけにあった文化的施設や知的な機会をできる限り村に持ち込もうとするでしょう。この点で，農村図書館は村から町への人口流出を止める強力な働きを持つことになりましょう[8]。【233-235節】

農村図書館サービスの組織化：現状では郡（district）を基礎として計画されました。地域の単位としてはむしろ郡に含まれるタールク（荘園）を対象とすべきでしたが，郡役所が持つ財源と事業の継続性，指導性の点で，タールクよりも郡が適切だったのです。

　その設立と最初の体制づくりは，初代の**郡立図書館長**の手腕と熱意によります。図書館計画の成功のための最初の条件は，よく訓練され，手腕があり，熱意を持つ図書館員を郡の図書館組織の責任者，つまり館長とすることです。郡の管理者は，この基本的な条件を無視して，郡立図書館計画に着手してはいけません。もし無視すれば，それは失敗に終わるでしょう。

　館長としての最初の仕事は，**まず住民を知ること**です。どこも同じだと思って村民の要求に接してはならないのです。同じように見えても，実際に選書の基準は異なります。英国

の図書館長は，まず住民について知ること，そのためには開館以前に地域のセンターを訪ねることを勧めています。

次の段階では，郡の教育長や視学，税務官，村会やカーストなどの議長，協同組合理事長など，地域改造計画事業に関心のある人たちの支援を確保することです。その人たちの協力と自分の調査とに基づいて，村の教師，収入役，裁判官などその地域でよく知られた人を**村の図書館長**（配本所の責任者）とし，その人が熱意を持てるように援助するのが大切です。この鼓舞激励がこの組織での最重要事項なのです。村の中に党派の対立がある場合は，それぞれの党派の代表者を世話人として入れるのがよいでしょう。

その次が**図書館広報**です。これはその地域の中に図書館とは何か，住民のためにどんな働きをするかなどを徹底的に広める仕事です。その地域の言語による新聞，ちらし，ポスター，地域の行事，集会，農産物品評会などの機会や，地元の有力者からの援助を活用して，第二法則の考え方と郡立図書館の仕事の国家的重要性とを伝えます。これには大きな努力が必要です。

最後に大事なことは，すぐれた本を迅速かつ定期的に提供すること，つまり**本の選択**です。楽しみを求める本と情報を提供する本とを一緒に各配本所に送ります。情報に関する本には地域の産業や興味にかかわるものを含めます。農民や園芸家で，自分の仕事に役立つ「本というもの」があることを知らなかった人たちは少なくありません。その修正が図書館の仕事です。

郡立図書館活動の一つに**普及サービス用の資料**を送る仕事があります。スライドやレコード，映画などを計画的かつ定

期的に各配本所に送るのですが,そのときに,ラーマーヤナ,マハーバーラタ,シャクンタラーなどのインドの古典と,生活に役立つ情報の本とを一緒に送って,今まで知らなかったものへの好奇心を喚起し,識字率の向上にも役立つようにします[9]。【236節】

郡立中央図書館:郡役所の中に郡立図書館の中央書庫を準備します。まず書庫と荷造室と事務室とが必要です。職員は後から補充するとしても,発足時には信頼できる館長補佐を一人置き,日常業務を処理させます。館長の時間は組織全体にかかわる仕事に使うべきだからです。館長は郡内の図書館を回るのが仕事で,補佐は日常業務に通じていなければなりません。

　本の輸送は地域の状況によって異なりますが,理想的な輸送手段は図書館車です。1,000冊ほど積める書架を備え,巡回先で村民や配本所の図書館長が自分で本を選択できるようにします。図書館員が乗務すれば,図書館についての効果的な宣伝を行います。3か月に1回,各配本所を巡回します。

　配本所は,本の交換に都合のよいところ,たとえば学校,寺院,僧坊,郵便局,商店,あるいは個人の家庭などを選びます。【237節】

最初の抵抗:郡立図書館長は,村民からの敵意と疑いとに直面します。そこでそのための準備が必要です。その対象は:
1. 村の教師:薄給で,仕事上で報われることが少なく,働かされることばかり。図書館の仕事が増えることは歓迎しない。

2．村の裁判官：同じ職場に数年間も留任，図書館のような近代的な仕事には強い反感を持ち，地域の改良運動にかかわる若さと情熱を持たない。
3．村の大地主：説得するのが一番困難な相手。自作農が主体的に自らの状況を考え始めるような教育手段と施設との増加に，強い疑いと不信の念を持っている。

こうした敵対的な要因のすべてが，郡立図書館長の気配りと熱意とに大きな負担となります。忍耐と地域への理解だけがこの障害を乗り越える力です。その**氷が溶けた後**は，仕事の進歩はスムースで自動的にさえなるでしょう。その実例としては，若い主婦の家政改善への熱意，子どもたちがノンフィクションに示す深い関心，さまざまな読書への興味の発掘などがあります。また，靴職人が英国史と歴史小説に傾倒したり，果樹園経営者が天文学への関心を深めたり，園芸家がエジプトに関する本に興味を持ち，車掌がヘディンの探検記を読むなどの例があります。移動図書館はそれまでのさびしげな村の生活に喜びをもたらします。そして米国のある農業大学長は：

> 農村のための教育組織は，全人口にサービスをするすぐれた図書館がいくつかなければ完結しない。農家の子どもも大人も，それぞれの好みと要求とに従っていつも本のコレクションに接することができるようになるまでは，米国全体の幸福と進歩の可能性は十分ではない。

といっています。【238節】

24　異なった条件の下にある人たち

　次に，対立する二つのもの，つまり普通と看做されるものとそうでないものとについて考えなければなりません。これはきわめて複雑な問題です。普通でないといわれるものはどこにでもあるのですから。入院も文字が読めないことも，収監されることもその例ですが，こういう状態は解消できます。一方，目，耳，発声その他に不自由さを持つ人びとは「普通ではない」とされてきました。しかし，《すべての人に本を》の「すべて」には，この人たち一人ひとりが入ります。第二法則は例外を認めません。《健常者であっても不自由なところがあっても，すべての人に彼の本，彼女の本を供給する》条件が整うまで，第二法則は休むことがないのです。

円卓会議：ここでは，病院の入院患者と目の不自由な人，識字力に乏しい人，聾唖児を持つ母親，それに刑務所の看守が同じテーブルで，読書についてそれぞれの「普通でない」状況について話し合い，刑務所の看守は，受刑者たちが所内で前向きの生活を送るために本が必要なことを話します。それに対して第二法則と心理学者とが，それぞれに適切な本を提供する仕事をしていることを説明します。識字力を持たない人に対しては第二法則の姉である《すべての人に教育を，Education for All》のところに行くことを勧めます。また心理学者は，病院の専任者として，患者一人ひとりに適切な本を提供する《to give Each Patient His Book》が自分の仕事であり，同じ目的で刑務所にも出かける，と説明。みんながそこに広がる知的な広い世界に希望を持つ，という構成です。【241節】

25　図書館の歌

　円卓会議の参加者全員が図書館の歌を合唱します。そこへ見知らぬ男が現れました。彼は船乗りで，常に海上で働いている船員の読書にも配慮を，と望みます。第二法則は「あなた方のことは決して忘れない」と約束します。
　その合唱の歌詞は：

ここはみんなの部屋
　　こわいおじさんも
　　大学の学部長さんも，
　　できる子だけに本を読ませるのをやめましょう
ここの本はみんなのもの

お金持ちにも本を
　　貧しい人にも本を
　　男の人にも本を
　　女の人にも本を

病気の人にも本を
　　頭痛持ちにも本を
　　目の不自由な人にも
　　言葉の不自由な人にも

失敗続きの人にも本を
　　よくできる人にも本を
　　町の人にも本を

畑で働く人にも本を

学者にも本を
　刑務所にいる人にも本を
　ここの本はみんなのもの
　一人ひとり，そしてみんなの本

［見知らぬ男が入ってきて］
　　本はみんなのもの。そうだ，みんなのものだ
　　　そこでもう一言
　　　陸の人にも本を
　　　海の人にも本を [10]

　第二法則は，その「海の人にも本を」ということ自体を問題として考えることを確約します。その答えが次節です。

26　陸と海

　海の上で働く人たちのことは，陸で暮らす人から長い間無視されてきました。それは「目の前にいなければ，いないのと同じ」という昔からの言葉どおりです。インドでは海運事業が盛んだとはいえませんが，それでも海上生活者は 60 万人もいます。この人たちの問題，つまり《海で暮らす人すべてに，その人の本を》提供することには，海上生活という条件から生まれる多くの困難があります。図書館税では維持できず，船員の交代は激しい，不定期貨物船の運航は一定せず，実施するには世界の主要な港に本を交換する施設が必要，な

どたくさんあります。

　それでも第二法則は，困難は克服できると主張します。これに応じて英国では1919年，海員教育協会を設置しました。成人教育世界協会は，船主と会員労働組合とキリスト教伝道協会代表者を招集し，海員たちのための完全な教育組織の一部として，図書館設置のための常置委員会を置いたのです。

船員の読書：船員たちはよく本を読み，本を大切に扱います。特に長期の航海では乗組員の約75％が読書をするといいます。1928年末には1,276隻に図書館サービスが提供されました。一方，陸上勤務要員は，その10％が本を読むかどうかというところです。【261節】

船員図書館の財政：英国の公立図書館委員会は，このサービスの財政基盤について相談しました。基本線として，第二法則のメッセージ《陸上であれ海上であれ，すべての人に本を》を確認し，公費によって図書館サービスを受ける権利は，陸上でも海上でも同じだと規定しました。そこで残る課題は，このサービスの責任者は国か，国と港を持つ市との協力か，あるいは市が負担するか，ということでした。委員会は，自治体も国も単独で責任を負うべきではなく，船会社，船員自身，港町の図書館および国の間での分担を主張し，さらに国と自治体の関与を求め，経費の負担ではなくても，国立中央図書館や港町の市立図書館からの本の提供を求めました。【262節】

灯台職員：灯台職員もまた船員と同様に本を求めています。

船と乗客の安全および荷主の利益は灯台職員によって保護されているのですから，その人たちのために第二法則を実現するのは当然です。それでも岸辺の灯台は地域の図書館サービスを受けることができますが，離れ島や岩の上の灯台と灯台船とには，そのための中央組織が必要です。英国とアイルランドではこの時期およそ300の灯台がこのサービスを受けています。【263節】

27　成人と児童

　第二法則の苦闘の中で最も解決困難な問題は，児童の読書について成人の理解を得ることです。成人たちは，教科書以外の本を子どもは読むべきでなく，時間の浪費であり，何も長所はないと考えてきました。また一方では，学校教育を終えれば，本から得られることはすべてを身につけたと信じ込んで，卒業後はまったく読書をしない人たちもいるのです。

生涯学習：「学校を卒業すれば，その後本の必要はない」という考えは「教育のラクダ理論」と呼ばれています。つまり砂漠の旅の出発前に，すべての知的食糧をラクダの背に積み込んで出かけるのだから，途中での補給はいらないという主張です。人間は成人してから以後の教育を受け入れ，自分の成長を図るために，素質，熱意，緊急性などを必要としますが，このラクダ理論は，それを無視します。今日の心理学からも教育の実際からもこの考えは認められません。ダイナミックな民主主義のもとでは，常により新しい秩序が生まれます。この変化する社会に対し，知的に対応しながら生きてい

くように人を育てるのが公教育の役割です。政治家も学者も，読書をやめればまったく無教育な存在になってしまうではありませんか。教育はゆりかごに始まり，墓場で終わります。教育を受けるすべての成人は，《すべての人に本を》という，その「すべて」に含まれているのです。【271節】

卒業生へのサービス：第二法則の苦闘の中には，大学の卒業生が読書をするようにするための努力と，大学に対して「卒業後もその学生への教育を続けるべきだ」と確信させることとが含まれています。大学は，大学図書館の蔵書を通して教育し続ける義務があり，彼らとの間に高度な知的関係を結ぶべきだ，もしそうしなければ，卒業生から大学に対する敬愛の情が失われ，学部学生のために大学が使った経費が生きないことにもなり，それは国家的損失だ，というのが大学に対する第二法則の強い要求なのです。この点で，第二法則は継続教育あるいは生涯教育の推進力として働いていることになります。【272節】

教授法の新しい方向づけ：第二法則は教授法について新しい考え方を提起しました。まず大学に対しては：

> 大学にできる最良のことは，学部の新入生が，自分で考えることと読書の習慣とへの熱意を自覚するように教育することである。教育は教室だけのことではなく，第二法則は大学が教育をやめたところから読書教育を始めなければならない。今まで本を読んだことのない成人に読書を始めさせるのはまことに困難であるが，学部学生にそれをするのは容易である。そこで大学が，学生に対

して本に関心を持つように教育をしてくれるのであれば，その代わりに，大学の授業に第二法則を活用することには異存はない。第二法則は大学の授業の支援にも，大学卒業後の学生の思考と読書の自立についても十分な力をそなえている。

同様に学校に対しては：

未来の期待は今の子どもたちの中にある。その子たちは学校を卒業するとまっすぐに第二法則のところに来る。この子たちにとって他に行くべき教育機関はない。そこで学校は学校図書館を整備し，在学中に生徒たちの読書習慣を養うべきである。子どものときに読書習慣を身につけた子は，読書を一生続けるであろう。それは一生にわたって自己教育を続けることにほかならない。

つまり第二法則は，教育について，成人のそれと子どものそれとの間にある深刻な対立を乗り越えて，人の成長を図るという大きな目的の実現に向かうために，古い教授法と新しいそれ，つまり学校と図書館との間を調停し，理解を深めようとしているのです。【273 節】

28　限りない民主主義

これまで述べたように，図書館学の第二法則の努力は，個人に基礎を置く民主主義の無限の可能性と，その表現の多様性とに基づいています。しかし生活のさまざまな局面では，気まぐれともいうべき自然的条件が民主主義的規範を妨げるのです。どんな政治的・倫理的信条も背の高さや肌の色の違いを実際上平等にすることはできず，体格や気質，知性の差

を一様にすることもできません。それでも《すべての人に本を》という法則は、視覚や言語の不自由さ、孤独、貧困など自然の女神がほんの気まぐれで人に与える不幸よりずっと大きな力を持ちます。第二法則《いずれの人にもすべて、その人の本を》は、人を平等に扱うのです。一人ひとりに本を提供し、本に接する機会、学習する機会、楽しむ機会の平等の原則を細心に守ります。そしてすべての人を学習の女神サラスヴァティの殿堂に導き、それぞれが成果を得るまでは休むことがないのです。

サンバンダールの逸話：7世紀、シヤリに生まれたサンバンダールには次の話が伝えられています。この人の結婚式の日に、突然天国の入口が開きました。彼は両親や親族、友人、来客、召使や従者、その地域の人々をすべて呼び集め、天国の門に送り込んだ後に自分と妻とが天国に上ったといいます。この、人を先にし、自分を後にする博愛主義こそが図書館学の第二法則の象徴です。この事績については12世紀のタミル地域の伝記作者セッキラーが記録しています[11]。【281節】

82　第二法則と、新しいタイプの本および実務
［第8章からの補足］

1931年以来、新しい図書館実務がたくさん現れました。それはすべて、第二法則の表現の中の"every"（一人ひとり、そしてみんな）の趣旨と一致し、今後の新しい展開の可能性をも含んでいます。要するに第二法則は、一人ひとりを「読者となる可能性を持つ存在」とみなしているのです。第二法則

には，民主主義の影響が最大限に現れています。そこでこの第二法則は民主主義に基づいて解釈すべきなのです。

子どものための本：Every という言葉は子どもを含みます。子どもたちもまた読者ですから。しかし成人向きの本をそのまま提供するのは適切ではありません。子どもの本は，知識の全領域を含み，独特の表現スタイルで，図解や挿絵を豊富にし，さらに子ども向きの本としての造本をすべきです。すでに子どもの本の著者や出版社が出現した国もあります。インドではまだですが。【821 節】

不自由なところを持つ人びとのための本：Every の中には視覚の不自由な人たちや手足が不自由でベッドから離れられない人をも含めています。視覚が不自由な人たちのためには，レコードの形での資料が出始めました。米国の公立図書館ではボランティアの援助を受けて録音図書の生産をするところもありますし，米国議会図書館はこの種の資料の生産，保存，貸出の先頭に立っています。マイクロフィルムを天井に映写する方式があり，ピッツバーグのカーネギー図書館で初めて見ました。これは寝たきりの人が自分の肘やつま先，指先など動かせるところを使って操作するものでした。【822 節】

職人のための本：Every は知的にも経済的にも一番恵まれない職人たちをも含みます。その人たちが図書館サービスを受け入れ，それを役に立てるようにするのには，工芸をテーマとした本のセットをいくつもつくる必要があるでしょう。たとえば木工のさまざまな面を説明する本を集めてセットをつ

くり，その人たちに親しいこの分野を入口として，広い世の中を知るようにします。【823節】

識字能力を新たに獲得した人たちのための本：Everyにはこの人たちも入ります。インドでは特に成人で新しく識字能力を得た人の比率が高く，今後一世代はその傾向が続くでしょう。この人たちのために，識字能力のレベルに応じる絵入本のセットが必要です。【824節】

学習遅滞者のための本：Everyには，知的程度が最下位10％に属する人たちをも含みます。この人たちには上記の本のセットをつくるやり方でもまだ適切ではなく，「声の出る本」が必要です。絵が多く，やさしい言葉で書かれ，本文を朗読したレコードがついています。つまり耳で聞き，目で見，文字で読者に語りかけるのです。【825節】

働く人たちのための本：Everyには木工や機械工など，工場の作業台で仕事をする人たちも含まれます。今日の生産品の需要と供給のアンバランスを解決するためには，この人たちが最新の製造技術を持つことが必要です。しかし彼らの知的水準はまだ高いとはいえ，文字からアイデアを得ようとはしません。そこで視聴覚資料でまず最新の知識への興味を呼びおこし，積極的なレファレンス・サービスを行って，本から正確な知識を学ぶようにするのです。こうした面の出版は，まだ第二法則を満足させるには至っていません。【826節】

迷えるスペシャリストのための本：Everyの中には職を離れ

た人たちも含んでいます。彼らは一人で田舎に住み，仲間からも離れています。第二法則は地域の図書館に対し，この人たちに適切な資料を提供するように勧めます。しかしこうした読者は少なく，今後の本の購入も確保も困難です。これは図書館相互貸借によって解決するより方法がありません。この仕事は，一国の図書資源が一つのプールと見なされることと，総合目録の必要性とを暗示します。しかし総合目録は今日なお未解決の問題を含んでおり，IFLA（国際図書館連盟）が関心を示しているところです。【827 節】

注
1） **日本での反応**：1960 年代から 70 年代の日本にも，似たような議論がありました。それは図書館の充実や新設を主張する人々，あるいは子どもの読書の振興を唱える人々に対する非難となって現れました。人がそんなに本を読むはずがない，そういう運動は政治活動に利用されているにすぎない，本を読みたければ自分で買って読め，という主張だったのです。しかし，図書館に対する要求が全市民的であることが理解され，その非難は徐々に消えていきました。それでも，第二法則の考え方の浸透はまだこれからだと思います。
2） **日本の公教育制度**：1872（明治 5）年，いわゆる「学制」によってすべての国民に学問が必要であることを示し，「家に不学の人なからしめん事を期す」と述べました。その後教育組織の充実を図り，小学校，師範学校および各種の学校が設立されました。小学校を義務教育としたのは 1986（明治 19）年，4 年に延長したのは 1900（明治 33）年，6 年への延長は 1907（明治 40）年のことでした。
3） **戦略家としての第二法則**：ここですぐれた能力というのは，この章のまえがきで述べたように，第二法則でいう Everyone がきわめて多様であって，その多様性に対応するために動詞を入れなか

ったことに現れていると思います。ここで動詞がないというのはゼロのことではなく，何でも持っているということ，つまり状況に応じて自由に変化するフレキシビリティを持ち，さらに変化を予測する先見性を育てることによって，その目的の実現を図る，それが「すぐれた能力を持つ戦略家」の意味ではないでしょうか。

4）**日本での女性の読書事情**：1950年代の日本の図書館界には，女性が家庭内で自由に読書できない限り，文化国家とは言い難いという考え方がありました。読書をする若い妻は夫の両親から怠け者とされ，本を読みたければ隠れて読むという現実があったのです。戦後の男女平等と共学，総合大学への入学，さらに核家族化による条件の変化があっても，地域によっては1980年代，90年代まで若いお嫁さんの読書は夫の両親に気兼ねをしながら，という話を聞きました。今後は，一人の人間として生きるための主体的な読書が男女を問わず開けることが期待されています。

　　樋口一葉が上野の東京図書館に通っていたときのことです。1891（明治24）年8月8日の日記に，図書館には男子ばかりで，女子の閲覧者は少なく，大勢の男子の中に混じって目録を引き，書名を書き，請求記号を写して持って行くと，係員から「これは間違っている。書き直してこい」といわれる。恥ずかしくて震える。その上顔などを見られて，私語をされると，汗びっしょりになって，本を調べる気持ちもなくなってしまう，と書いています。

5）**出典**：Ranganathan. *The Five Laws*. 2nd. ed. p.101.

6）**最初の移動図書館**：組織的な移動図書館サービスは，1893年，米国ニューヨーク州でメルヴィル・デューイが移動図書館のサービスを始めたのを最初とします。佐野友三郎はデューイの例に学んで，秋田県で1902年，山口県で1904年にこのサービスを始めました。ランガナタンがあえて1905年のメリーランド州の例をあげるのは，図書館の先覚者の啓蒙的な実践ではなく，地域住民自身の読書意欲から生まれた自発的なものであり，それを図書館員が第二法則に基づいて実現の道を開いたからでしょう。農村の人たちが「自分たちの図書館がほしい！」という要求を表明し，実現したという意味で「最初の」でした。

7) **カーネギー財団**：スコットランドに生まれ，米国で鉄鋼業によって財をなしたアンドリュー・カーネギー（1835-1919）が「金銭を崇拝する以上に人の品性を落とすものはない」という信念のもとに設立した財団。彼は住民の知性と品性の向上のために公立図書館が重要だと考え，その建設費を援助しました。1886年から1919年までに英語圏諸国に2,509館の建設費を補助したのです。ここにいうカーネギー英国財団は英国での諸事業の責任者で，カーネギーの出身地南スコットランドのダンファームリンに本拠を置いていました。ランガナタンも留学中に訪問しています。なおこの事業については次章に詳細です。

8) **日本の農村図書館**：青年団による農村図書館の設立・運営が顕著でした。長野県上郷村図書館（現・飯田市立上郷図書館）はその好例です。農民のために個人で農村図書館を発想し，運営したのは，東京都町田市鶴川に南多摩農村図書館を開いた浪江虔（1911-1999）でした。浪江は戦時中から農民の自主的生活確立を目的として農村図書館の設立を決意し，それまでの東京帝国大学での美学研究から農村生活に転身し，まず都立園芸学校で肥料学を学びました。その図書館は地域の人々によく利用され，当時の公立図書館の貸出冊数をはるかに超えて，地域の文化センターとみなされました。現在その蔵書は町田市立図書館に保存されて，浪江の業績と，その活動を生涯にわたって支えた妻八重子の献身とを今に伝えています。

9) **日本の公立図書館計画**：20世紀末から21世紀初頭にかけて，公立図書館の計画を新しく考える自治体があちこちにありました。そしてここにあげた条件の図書館員を招聘して図書館計画を立て，開館後は館長とするというやり方をしました。これは，公立図書館としてすぐれた図書館サービスを提供するために，納税者に対する当然の仕事です。しかし，その館長に十分な権限を与えず，職員を選ぶこともさせず，後任に専門職が選ばれる見込みがない，というところも出てきました。そのためその館長の退職後は数年立たないうちに創立時の理念も熱意も失われ，サービス水準も低下して，ただ本を貸せばよい，ということになり，発足

のときの面影がなくなってしまうのです。「あの人がいたときはよかったが」という話だけが残って，地域の住民のため，という本来の考え方が消えるのです。ランガナタンはインドでの経験から，こういう人事のあり方について大きな懸念を持っていたか，と思われます。

　厳しい条件のもとでも，図書館のさまざまな可能性を追求した図書館長の実践記録として，近年次の2冊が出版されました。

> ちばおさむ『図書館長の仕事－「本のある広場」をつくった図書館長の実践記』日本図書館協会　2008（JLA図書館実践シリーズ　10）
>
> 三輪巴『館長室から－町立図書館長の日々』日本古書通信社　2006.

10) **出典**：Ranganathan. *The Five Laws*, 2nd ed. p.126.
11) **サンバンダールの逸話**：シヤリはランガナタンが生まれた町です。博士の令息ヨーガシュワリ氏によれば，この話はランガナタンが小さいときに祖母から繰り返し聞かされた話だといいます。そして「無料で誰にでも理解できる情報を広く提供する人類愛（universal brotherhood）が第二法則のメッセージ」であり，この昔話はそれを象徴するものとしています。

第 3 章　第二法則とその浸透

　第 2 章では，第二法則が一人ひとりのものとなるまでの苦闘を，時間の流れに沿って検討しました。第 3 章は第二法則の横の広がり，つまり世界各国にどのように浸透していったかを主題とします。

　ここでランガナタンは，米国から始めて 35 の国や地域の 1920 年代の図書館状況を述べています。1914 年から 1918 年まで続いた第一次世界大戦が終わり，旧体制を克服して新しい歩みを始めた国もあれば，戦争の惨禍から立ち上がれない国もありました。その後もヨーロッパでもアジアでも武力紛争が続き，ついに 1939 年，第二次世界大戦が勃発，1945 年の終結まで大量破壊と殺戮の日々が続きました。この戦争によって日本は大きく変わりました。インドをはじめ多くの国々も植民地支配を脱して独立を獲得し，自ら生きる道を模索するようになりました。これは本書の初版から第 2 版の時期にあたります。この期間，ランガナタンはインドの大小の図書館管理者や州政府の官吏，あるいは図書館への関心と何らかの影響力とを持つ人びとに「図書館を見る目」を提供し，インドの図書館のことを真剣に考えてもらおうと努力しました。今日では状況は変わりましたが，しかし図書館にかかわる人びとに図書館のことを十分に理解してもらいたいという気持は，われわれと少しも変わりません。

　そこでこの章では，ランガナタンが各国の状況の中から何を選びとろうとしたか，つまり社会の一員として生きていくためには，情報や知識を自由に入手しなければならない。その権利を保障し，その人たちの力で社会を盛りたてていくためには，国は何をすべきか，自治体はどうか，それに対して人びとはどうこたえているか，ということをランガナタンは伝えようとしたのです。それは時代や状況の変化の奥にある，図書館と自らの成熟・成長を求める人とのかか

わりを示すものだと思います。

　ここに現れるさまざまな考え方は、今も世界の図書館界の大きな問題です。ことに図書館をもっと市民にも行政の担当者にも、議員にも、学者・研究者たちにも理解をしてもらいたい、と願う人びとにとって、大きな示唆を与えるものと思います。米国の国立公文書館の門柱に、"Study the Past,"と、"What is Past is Prologue."という言葉が刻まれていることも、われわれを支えるものといえましょう。

30　本章の範囲

　前章では第二法則の苦難の旅をたどり、さまざまな妨害との戦いと社会への浸透について述べました。本章では《すべての人に本を》という第二法則の受入れ状況を国別に検討します。《本は選ばれた少数のために》という考え方は、本が書かれた初期からありました。《すべての人に本を》はそれに代わる新しい考えです。この考えに基づく「図書館運動」は、1850年ごろから世の中に現れたといえるでしょう。そこで第二法則の浸透について、できるだけ多くの地域での近代図書館運動に目を向けながら、大規模の図書館よりも、小さくても第二法則の民主的な信条によって活動し輝いている、民衆のための図書館を語って、第二法則の成果を明らかにするのが本章の目的です[1]。

31　北米大陸

　第二法則は世界中に図書館運動の種を蒔きました。その中で米国に落ちた種が最初に芽を出し、成長して実を結び、そ

れが国内各地に運ばれて新しい種を生んだのです。図書館運動の拡大には，米国人の情熱と努力とともに新大陸でのエネルギーと資源とが注がれました。それによってこの運動が普及し，根づき，新しい分類法と技術が開発され，支持者が増加したのです。そこにスコットランド出身の富豪カーネギーが，この運動のためにその富を惜しげもなく注ぎ込みました。こういう連鎖が今までで最も幸せな結果を生み，米国は図書館の理想世界とみなされ，世界各国の図書館運動のモデルとなりました。そこで第二法則の旅の検証は米国から始めるのが最も適切だと思います。

アメリカ図書館協会（ALA）：1876年は米国の図書館運動に一時期を画しました。この年10月，男性90人，女性13人がフィラデルフィアに集まって図書館協会を結成。初代事務局長メルヴィル・デューイは「最良の読書を最大多数の人びとに，最小の経費で」を会のモットーとしました。大会参加者数は1926年に2,000人を超え，103人であった会員数は11,813人に増えました。1850年には644の図書館が「選ばれた少数の人」のものでしたが，今やすべての人に開かれた図書館となり，その数は6,500館を超えました。【311節】

図書館調査：第二法則がどこまで浸透したかを知るためにALAはカーネギー財団の援助を受けて，1925年，次の調査を実施しました。その項目と**成果**とは次のとおりです。
 （1）米国およびカナダで，公立図書館のサービスエリアに住む人の数：6400万人（人口の56％）
 （2）図書館を持たない人の数：5000万人（44％）うち300

万人は市内居住，4700万人は地方に住む。
(3) ALA 設立以後の公立図書館の普及状況：「社会一般の関心を図書館の設立と改善とに向けて，米国民の図書館に対する関心を高める」ための努力は着実に進められた。図書館の新設は6,000館，200万冊の蔵書は7000万冊に増加，年間貸出冊数は2億4000万冊に及び，公立図書館経費に毎年9000万ルピーが使われている。
(4) 誰にでも公平にサービスをという目標への到達度：「誰にでも」はまだ半ばである。人口の44％がサービスを受けていない上に蔵書冊数が不足で，一人当たり0.6冊，貸出冊数もわずか2冊にすぎず，公立図書館経費は人口当たり1ルピーにも満たない。しかもこれは全人口の半分に対するサービス結果であって，残りの半分は手つかずのままである。

第二法則の立場からすれば，これはきわめて非民主的な状況であり，5000万人への図書館サービスの欠如が問題です。ALAは，問題解決の**実行方法**として，図書館普及のための常置委員会をつくり，「米国とカナダに住む誰もがすぐに使えるところに，適切な公立図書館サービスを」という目標に向かって組織的な努力を始めました。それは図書館委員会連盟（League of Library Commissions）や他の関係諸団体と協力し，以下の方法の一部または全部を採用し，その実現に努めて成果を上げたのです。
(1) 図書館の設立やサービス改善の相談に応じるため，州立図書館の図書館普及部局や郡立図書館，地域の図書館などに，現地駐在員を派遣。
(2) 農村の社交団体や教育関係のメディアによる広報。

（3）図書館 PR 用の印刷物を無料で広く配布。
（4）州全域または地域の図書館計画振興のため，図書館の現状や必要度の調査。
（5）図書館法規の研究と収集，モデル図書館法の起草。
（6）特に州および郡レベルでの図書館サービスの実演宣伝と実験の奨励。
（7）図書館普及を進めるための個人的寄付の奨励。
（8）図書館普及の諸問題のより一層の研究。

図書館運動の根拠地とされる米国で，人の気持を図書館の設立と改善に向けるのにこれだけの努力が必要だとすれば，**インドへの応用**はどうしたらよいのでしょうか。インドにはカーネギー財団も図書館の守護天使もいません。いるのは，図書館に対して悪意と中傷とを放つ悪魔ばかりです。これを救うには政府が先に立つよりほかはありません。それによって暗雲は一掃され，図書館運動が人びとの心に働きかけ，世論という自然の土壌からの成長を期待できるのです。【312 節】

メキシコ：1910 年の革命がこの国に民衆文化への熱い期待を生みました。その前には図書館運動はなかったのですが，1917 年「公教育法」が成立し，教育省が設立され，教育による社会の変革を目指しました。これは上流階級と一般の人びととの間に橋をかける最初の試みでした。1920 年，図書館局を設置，識字能力の普及に当たりました。各種の図書館が多数作られ，1927 年には 70 万冊を農村図書館に送り出したといいます。図書館利用者の数は 1927 年には 100 万人を超え，総合目録と書誌に関する雑誌の発行も始まりました。

教育省は多くの**困難を乗り越えて**社会改革を進めました。

多民族国家で、階級制度が根強く、通信施設が未発達で、ヨーロッパ系住民に対するメキシコ土着の人びとの反感があり、自由な意見の流通と国の統一とが阻害されました。教育省は学校と図書館との活用によって国の統合を図り、図書館による住民の考え方や生活の向上、子どもの読書習慣と本を楽しむ気持の育成などに向かって活動しています。政府が方針を確立し、教育省の熱意があり、職員の熱心さと献身とがあれば、少数の職員の働きでも成果が上がるのです。

1926年には、第二法則が**カーネギー国際平和財団**を動かして、メキシコへの援助を提案しました。その結果、米国議会図書館の援助と関係者の相互訪問などがメキシコの図書館運動に大きな刺激を与え、各図書館の水準向上のため標準的な図書館管理法が必要になりました。そのためカーネギー財団の援助で1928年、**図書館ハンドブック**を発行、中南米諸国に無料で配布しました。こうして第二法則は図書館運動がメキシコ国民の間に浸透するのを見ることができました。それは地方への学校普及と歩調を合わせていて、革命以前とは異なるメキシコが出現したのです。この国の成長のために第二法則の果たした役割は大きく、いずれ正当に評価される時期がくることと思います。【313節】（314節は省略）

富裕な盟友：第二法則が新大陸を開拓できた大きな力は、図書館の永遠の盟友・カーネギーの継続的な援助と寄付金とによるものでした。もしこの活動がなかったら、新大陸は世界の図書館の進歩に歩調を合わせることができたかどうかわかりません。この**アンドリュー・カーネギー**（Andrew Carnegie, 1835-1919）は、スコットランドの手織物業者の家に生まれ、

父親の仕事の不振から米国に移住し，13歳で働き始めました。その後鉄鋼業で成功して巨大な財産をつくり，ついに「神から差し向けられた第二法則の盟友」として，各地の公立図書館建設のために資金を提供しました。

彼の中には**二人のカーネギー**が住むといわれました。鉄鋼王としては「仕事だ！」と叫び，博愛主義者としては「人のために！」といいました。そこに矛盾がなかったのです。彼のビジネス能力と勤勉さ，そして先見性が富を築かせ，それを人びとのために使わせたのです。

彼の**富に対する信条**（1899年）によれば，謙虚で見栄をはらない生活をし，虚飾や浪費を避け，そして彼を頼る人たちに，必需品を適度に提供する。事業の剰余金は社会から信託された資金とみなし，地域社会向上のために最も効果的な寄付計画を立てる，とあります。こうして富める者はより貧しい「兄弟たち」のための単なる管財人，代理人となるのです。この「信条」が彼の富を人類の向上のために提供させました。

彼の寄付金の総額は10億ルピーに達するといいます。この巨大な資金は**カーネギー財団**（1911年設立）が管理し，米国民の知識と理解力の進歩を図り，その普及を助けるため，各種の学校や図書館，研究機関の活動や科学的研究，功績顕彰，有用な出版などの援助を提供しています。

彼は**図書館の寄贈**によって第二法則と図書館運動とに貢献しました。彼の信念によれば，人類の不幸を癒す唯一の治療法は「人を啓発すること」でした。彼は第二法則「すべての人に本を」を実現することによってのみ，人は自らを啓発できると信じていたのです。第二法則に対するこの信頼こそが，彼を図書館運動の確かな支持者とし，彼と第二法則との間に

幸せな連携をもたらしたのです。

　1917年，カーネギー財団はこの事業をカナダおよび**英領植民地に拡大**することを決定，1928年には，英領植民地であった南アフリカ連邦への寄付をも始めました[2]。【315節】

32　南ア連邦

カーネギー調査団：1928年，カーネギー財団は南ア連邦の図書館を3か月間調査しました。その結果，図書館は211館あってもみな第二法則のライバル「選ばれた少数者に本を」の支配下にあることがわかりました。**会費という振り分け手段と人種差別**とによって，貧困者と黒人および褐色系の人たちの利用を拒んだのです。南ア連邦の白人はこの人たちを働かせていながら，この人たちが知識を獲得すると，自分たちの支配が終わると感じていたのです。【321-323節】

図書館長の地位：第一および第二法則はこの国で完全に否定されていました。図書館の専門知識を持つ人が館長になることはありません。図書館委員会は図書館について無知な人たちで構成され，この仕事には専門知識や経験はいらないと思っています。図書館長は保管の責任を負うだけだ，と考えるからです。【324節】

誤った基準：建物は不適切で，書架は天井まで届き，梯子を使わなければなりません。同じ本がどこの図書館にもあって読まれてはいません。これは図書館協力の無視であり，経費の無駄遣いでもあります。さらに国を開発するための重要な

本を人びとが手にする機会を奪っています。学術図書館においても第二法則の活躍の場はありません。米国の高等学校図書館にも劣る存在です。図書館もなく図書館員もいない大学があり，資料は未整理で，図書館員には訓練がなく，書架には錠をおろしていました。【325-326節】

インドへの応用：これはインドとまったく同じです。インドで図書館の管理と維持とにかかわる人が，他国の事情を読み，自国の実情に目を開いてくれれば，と切に思います。当面の課題として，カーネギー財団が南ア連邦で，いかに第二法則の進歩を図ったかを見ることにしましょう。【327節】

調査団の勧告：連邦内の各地を訪ねた調査団は，図書館委員会のメンバーや，学校当局，政府高官など，話を聞こうという人には誰にでも第二法則のメッセージを伝えました。ほとんどの人は今までの欠点を認めました。これで《選ばれた少数者のために本を》が葬り去られ，《すべての人に本を》という新しい方向の実施計画が立案されたのです。それは：
(1) 連邦政府は，すべての生徒たちに本の利用についてのガイダンスを行い，読書習慣を養う必要を認めること。さらに図書館は税金によって維持することを認めること。
(2) 政府とカーネギー財団は当分の間17万ルピーずつを支出し，それ以後は財団が漸次手を引いて政府に委ねる。これによって財団は他国を援助できるからである。
(3) 全国の図書館計画をつくる。センター1，サブセンター6，さらに小規模センターと配本所とで構成する。
(4) 鉄道会社と郵便局とに，本の無料配達を陳情する。

(5) 本は無料で提供する。利用者の皮膚の色で差別しない。
 (6) 専門的基準の設定と図書館運動の展開のために図書館協会を設立する。
 (7) 図書館法を制定し第二法則の影響力を確保する。
 (8) 連邦図書館審議会と協力して適切な計画をただちに立案するため，図書館局長が迅速に行動することが望ましい。

委員会は，「カーネギー財団と連邦政府の資金が無駄に費やされるか，あるいは有益な結果をもたらすかは，まったくここに述べた図書館文化の最初の原則の実行如何にかかわっている」と述べて，この最後の条項の重要さを強調しました。

　さらにカーネギー財団はこの地に固有のバンツー語の本の生産のため，26,000 ルピーを現地の出版社に提供しました。これはインドとして特に注目したいことです。また，**東アフリカ**のうちではローデシア（現・ジンバブエ）とケニアとに第二法則の道をつけるための援助を提供しました。【328 節】

33　東ヨーロッパ

　第一次世界大戦後のヨーロッパ各国では，第二法則は熱狂的に迎えられました。それ以前の自己教育は《選ばれた少数者に教育を》と《選ばれた少数者に本を》という一組の呪文に束縛されていたのです。大戦後の体制の変革により，民主主義と社会的向上心とがこの束縛を断ち切り，図書館学の第二法則を受け入れる準備を進めました。国による違いはあるにしても，新しい図書館法が制定され，古い法律は改訂されました。《すべての人に本を》は，ヨーロッパ中に響きわた

った歓声だったのです。【331節】

ブルガリア：ここでの図書館運動はインドにとって興味深いものです。図書館と劇場と集会室とを総合したチタリシュタ（Chitalista）という古来の施設が《すべての人に本を》を広めるために使われました。そこで講演会の開催から本の普及を図り，本に対する青少年の関心を高めるための活動を始めたのです。教育相は1928年に図書館に関する法律を制定，チタリシュタの数を増やしました。また国の図書館担当官を任命し，英米両国で専門的な訓練を受けさせました。その専門知識と情熱とは，ブルガリアで活動する第二法則の補佐官としてまことにふさわしく，将来が期待できます。【332節】

ルーマニア：ブルガリアと同様な計画を持っています。アストラ（Astra, ルーマニア文学・文化協会）とアシニアム（Athenium）という古来の施設があり，これが第二法則の受入れに働きました。アストラは識字学級や学習サークルを開設し，図書館を維持運営する機関です。

　インドの参考になるものは学校図書館の民衆開放です。これで行政費用の節約と資料の集中的利用とができ，インドの各州の財政負担を軽減する**一石二鳥**の方策になるでしょう。

　もう一つの大きな教訓は，義務教育で得た識字能力が失われるという現象にどう対処するか，です。これは教育に費やした経費が無駄になることを意味します。1866年憲法は無料の義務教育を規定しましたが，1899年には識字力のない女性は90％に達したといいます。これは図書館がなく，人びとが**教育を受ける以前の状態に逆戻り**したからです。そこで識字

能力を育てるには本を供給すべきであって「義務教育に割く資金はあるが，図書館に使う金はない」という財務担当者は，この問題について無知だというほかはありません[3]。【333節】

ユーゴスラビア：中央ヨーロッパの三つの新しい国家は，非常な熱意をもって近代図書館運動に取り組みました。それぞれの教育省は，国民への識字教育と公立図書館によってその能力を維持することを基礎的な義務としています。ユーゴスラビアでは，教育省の中に民衆教育の専門の部局を設け，農村図書館を組織し，識字学級を開設，数百人の男女が読み書きを学んでいます。村の図書館の蔵書は単にレクリエーションのためだけではなく，家事に関する本も含まれています。そこで村の人たちはこういう本の読書によって，より幸せで，清潔な，そして明るい生活を送ることを知るのです。【334節】

ハンガリー：この国はまだ戦争の惨禍から回復せず，《すべての人に本を》という段階ではありません。それでも第二法則はこの国で最大の努力を払っています。1923年に教育省は民衆教育を効果的に進めるため，詳細な調査を実施しました。そして図書館運動を含む成人教育法案が起草され，町村図書館の設置義務を規定しています。【335節】

チェコスロバキア：第二法則の旅はチェコスロバキアにおいて最大の成功を収めました。「教育を通してのみ困難からの脱出ができる」というスローガンが人々の心をとらえました。これは生涯を通じての自己教育の継続を意味します。そして《すべての人に本を》に通じます。1919年の法律は公立図書

館設置を市町村の義務とし，1929 年にはほとんど全国に図書館サービスが普及しました。

　この**図書館法**は人口により図書館の規模を定め，それに基づいて実際的な面まで詳細に規定しています。経費は特別の地方税によるのが普通です。教育省は，第二法則の考え方を普及するために能力豊かな図書館員を必要と考え，図書館学校を開設しました。さらに適切な基準を維持するために，定期的な査察が規定されています。

　この成果を**マドラス州に応用**してみましょう。チェコスロバキアでは 150 万ルピーの図書館費を浪費と考えてはいません。これはこの国の歳出総額 1 億ルピーの 1.5％に相当する額です。ところがマドラス州では 0.05％でしかないのです。

　次にインドとチェコとの共通点は，**言語上の少数民族**が存在することです。しかしインドとは異なり，チェコではこれを障害としてはいません。一地域に同じ言語を話す人が 400 人以上いれば図書館をつくり，その地域から選ばれた人が運営するとしています。人口がそれより少なければ，中心館が選書について考慮し，その人たちの利益を守るのです。

　図書館にとって適切な本を出版するために**図書の生産**にかかわる財団をつくり，青少年のための推薦図書リストも出版しています。これは国が第二法則のメッセージを真摯に受け止めた場合，どんなことができるか，その好例といえましょう[4]。【336 節】

ポーランド：第一次世界大戦後にやっと自由を回復した再生ポーランドにとって，教育運動が社会と国家との主要な関心事でした。最初はボランティア・グループが図書館や学校図

書館，移動図書館などを設け，講演会，音楽や絵画を伴う公開朗読会などを開催，教育事業のセンターでもありました。

　政府は，国民の図書館要求に応えるにはボランティア活動では不十分で，第二法則の任務を適切に実施するのには**図書館立法**によるべきことに気づき，図書館法案を準備中です。法案が通過すれば，約 15,000 の図書館ができ，第二法則は永久にポーランドに定着するでしょう。【337 節】

ソビエト連邦（現・ロシア連邦）：この国では《すべての人に本を》という第二法則がはるか遠隔の地にまで行きわたっています。農民教育，成人教育のために図書館が設けられ，中央政府から送られる資料を閲覧することができます。それは子どもの教育や生活の向上，農業の仕方，国際関係，共産主義の主張などすべての主題にわたっています。多くの農村図書室は夜間の集会の場となり，モスクワからの質の高いラジオ放送を聞くことができます。また農村図書室では，政府の方針のもとに成人教育を目的とする演劇活動，各種委員会活動などが行われています。

　1917 年の十月革命の直後，《すべての人に教育を》とともに第二法則の精神が新しいロシアに広がり，ペスタロッチの社会教育理念が信奉されました。1921 年「すべての人民を啓発するための全ロシア労働者会議」において**レーニン**は「この国の人びとが文字を読むことができ，文化の力を持つようにならなければ勝利はない」「すべての人びとが自分からその気にならない限り，経済的繁栄も協働も真の政治的生活も実現できない」と宣言しました。そこで新政府が努力したことは，識字能力の向上と無知の解消とであり，1933〜34 年

までに全市民がこの能力を持つことを目標としています。

新識字者へのサービスとして政府が開設したのは，識字センターや政治文化クラブ，読書室，農民の家，常設の図書館および移動図書館，自己教育センター，雑誌の出版などです。それによる相互教育を図り，さらに地域の指導者によってきめの細かい指導を行っています。

図書館運動の**成果**としては，至るところに読書室が設けられ，読書をする人の姿が見られます。さらに月刊の**新識字者への雑誌**が読みやすい形で発行されるようになりました。

本の出版について，ソビエト連邦出版局の活動は，インドのモデルとなります。インドでは知識階級が自分の言語によらず，英語を使い始めて半世紀以上になります。そのため一般の人びとに対して今日の科学・経済・政治および文化的世界を語る人がいなくなったのです。ソビエト連邦では，農民が求める本を出版するために農村文化通信員を設けています。これは，本に対する農民要求と読書能力と意欲とを国立印刷所に伝えることが目的です。この制度も子どもの読書への組織的対応も，今その緒についたばかりですが。

この状況の**マドラス州への応用**を考えると，ソビエト連邦の《いずれの人にもすべて，その人の本を》への努力はインドとは対照的です。タミル図書館協会・タミル語図書選択委員会は，現代の読者に適する本が出版されないことを困難の原因としていますが，出版者は「需要がないからつくれない」といいます。しかし協会理事会は，適切な数の公立図書館があれば，需要を生み出すことができると考えているのです。

この理事会は，市民全体の福祉は州政府の基本的な義務であり，知識の伝播は州立大学の責務だと考え，この解決に向

かっての積極的な関与を州政府と州立大学とに要請しました。しかし**政府による抵抗**は強く，大学も積極的な対応はしませんでした。そこで決定権を持つ**高官の意識を変えること**が必要になってきました。内閣閣員や大学教授などに積極的に働きかけ，第二法則が他の国で経験したことを知らせるのです。その後でやっと《一人ひとりすべてのインド人が，彼または彼女の本を》持つことになるでしょう[5)]。【338節】

34　スカンジナビア

フィンランド：国の一部は北極圏に属し，寒さが厳しく，人口も多くはありません。それでもこの国は世界で最も教育程度の高い国で，この点ではアメリカもドイツも及びません。教育によって培われた学習への愛はこの国の特色であり，国民の進歩を支えています。文字の読めない人は少なく，1920年には15歳以上の人口の0.7％にすぎません。

　何世紀にもわたって外国に支配されながら，フィンランドは図書館学の第二法則に従う叡智を持ち続けました。1917年に独立を回復，第一次世界大戦終結後になってやっとフィン語が母国語としての地位を取り戻しました。そして農民や労働者階級の要求に基づくフィン語の本の出版が著しく増加し，科学その他の教育的な文献が不足することはないといいます。独立以前，地方に分散する図書館の連絡・協力はフィンランド図書館協会の自発的な活動が支えたのですが，1921年の行政法，1928年の図書館法によって，国の責任となりました。

　この法律の**成果**として，すべての図書館は全国図書館協議会の管轄となりました。この議長は教育省の幹部が務めます。

この協議会の理事会は国立図書館長のもとに置かれ，図書館のPR，図書館員の訓練，書誌の出版，図書館運営方法の改善などを行います。このような育成方針によって，537の自治体に1,000館近い図書館ができ，38の都市と18の自治区の80％はそれぞれの公立図書館を持っています。首府ヘルシンキは人口227,375人，年間70万冊以上の貸出をしています。

　図書館財政は図書館法によって税率が規定されており，人口当たり1/32ルピーが普通です。インドと比較して関心を引くのは半額国庫補助制度があることです。図書館建築費の補助のほかに，本や職員の給料，施設の賃貸料などの半額が補助されます。1927年の補助金総額は7万ルピーで，人口が少ないことを考えあわせると，この国にとっては決して少ない額ではありません。【341節】

ノルウェー：1830年以来公立図書館を維持していますが，第二法則にふさわしい水準に達したのは20世紀のことです。現在は市立図書館60と1,000以上の農村図書館があります。図書館主管課は教育省に属し，主な任務は国庫補助金の支出と図書館の適切な水準維持，さらに移動図書館と船員のための貸出図書館の運営です。この船員図書館のためにはノルウェーの港すべてに本の交換センターを置いています。漁師の子どもが漁村に対する配本サービスによって勉強を始め，大学教授になった例は217節に述べました。【342節】

スウェーデン：図書館学の第二法則が古い教区図書館をどんなに変貌させたか，その顕著な証明がここにあります。以前，本は保存されながら，利用されませんでした。1905年に民

衆図書館に対する国の補助が議決され，1913年以後は教育省に2人の図書館専門職を置き，本などについて一般公衆に助言し，また国庫補助を受けた図書館を監督しました。

その**成果**として，第二法則は図書館運動の促進を国に任せることができました。2人の図書館専門職のうち，一人は公立図書館を，他の一人は学校図書館を担当しています。公立図書館の担当者は児童室に開架制を導入し，図書館建築を近代化し，図書館員の能力向上などによる図書館システムの完全な再編成を成し遂げました。これによって世論の支持を得，1929年には図書館法が通過したのです。これは図書館サービスの再編成と地域図書館計画を米国の例に学んで立案することを目的とし，国庫補助を詳細に規定しています。図書館専門職は年に2館ずつの再編成を担当し，12年で24地域を終える計画です。これとは別にスウェーデンには1,229の学校図書館を含む8,500の図書館があり，それぞれ地域と政府からの補助金を受け，年間貸出冊数は700万冊を超えています。

学校図書館の発展も顕著です。教育を学校図書館と直結して進める方針だからですし，生徒のために図書館とツールの利用指導も行われています。1928年の教育改革は，図書館の協力の下で生徒たちに自主活動を求め，それが学校図書館に対する補助金の増額という結果をもたらしました。1913年に279あった学校図書館は1927年に1,299，貸出冊数は1923年の30万冊が1927年には200万冊となりました。同じ数字がマドラスで達成されたら，どれほど教育効果が得られるだろうかと思います。【343節】

デンマーク：スカンジナビア三国のうちで，「すべての人に

教育を」と「すべての人に本を」とから最大の利益を受けたのはデンマークです。農業は不振でしたが，学校教育組織，独特の国民高等学校，学校に協力する公立図書館システムなどによってその振興を図り，生産を増加し，農村人口の都市への流入を止め，農村社会生活の新展開を図りました[6]。

その**図書館システム**は，図書館協力を最大限に活用するための完全なリンクを形成しています。リンクの一端は，コペンハーゲンにある二つの国立図書館——王立図書館と国立大学図書館——であり，それぞれ人文学分野と科学分野とを分担しています。その次にあるのが市や町の図書館80館で，そのうち27館は交通の要衝にあり，地域の中央館または第二級の保存図書館として働きます。最後に位置するのは800近い村立図書館で，国中に散在しています。このリンクに基づく図書館間相互貸出制度によって，どこの誰にでも本の貸出ができるのです。これは1920年の図書館法の成果の一つであり，この法律によってデンマークは図書館の一種の国営化を実現しました。図書館の発展と管理とは強力な図書館査察官の補佐を受けて，政府の図書館部長官が行うことになりました。

図書館財政は地方税だけではなく，それに国の補助金を加えます。王立図書館長は補助金の支出，施設・設備と業務の基準策定，書誌的助言の提供，図書館員の訓練計画立案に責任を持ちます。全国の図書館費合計は年間190万ルピー，うち国庫補助は70万ルピーです。図書館の運営は図書館法により，都市は市当局に，村の図書館はコンミューンの教区会に委ねています。

その成果としては，蔵書冊数の合計は100万冊以上，年間貸出冊数は500万冊を超えます。子どもたちに図書館利用の

習慣をつけるよう配慮されており，それぞれの学校に学校図書館があります。第二法則はデンマークにおいて理想的に受け入れられたといえましょう。【344節】

35　西ヨーロッパ

ドイツ：第二法則の到来以前から，この国にはプロシャ学術図書館のすばらしい組織がありました。これは《真摯な学生と研究者一人ひとりにその人の本を》という願いの実現です。その完璧さは，ドイツが出版する科学の各分野の独自のHandbuchs（便覧，ハンドブックの類）と同じ水準です。

国立中央図書館はこの組織の中心で，蔵書200万冊，その冊子体分類目録は1,000冊以上です。そのABC順索引は3,000冊に及び，毎年90冊以上が追加されています。職員数は320人，うち76人は学問分野別の専門家で，分類作業やレファレンス・サービスのために働きます。

図書館相互協力は，プロシャの国立大学（10校）と小規模ながら高等技術専門学校（4校）とが国立中央図書館と密接に協力しています。各図書館はそれぞれ専門分野別に収集範囲を定めていて，それによって国の図書館予算の効率的運用と多様な資料の収集とを両立させています。インドではまだこの制度が一般化していないのです。

国立中央図書館は，国内の学術図書館の蔵書の**総合目録**と，学術情報センターとを持ち，研究者の必要とする資料を国内のどの図書館からも入手できるように読者を援助します。これがドイツの科学上の業績の多様さと大量さとに大きく貢献しているのです。

第二法則は《最高の学者にもつまずいた人にも本を》を理想とし，学生や研究者のための図書館ばかりか，**民衆図書館**の充実を目標としています。ドイツの近代図書館運動は1900年ごろから始まり，第二法則を受け入れたのは第一次世界大戦後です。ドイツ共和国図書館員連盟（1922年設立）は第二法則の宣伝に努め，民衆図書館は国民全般に教育を普及する新しい手段であり，民主主義の安定のためにいかに有効かを地方および州の行政機関に理解させようと努力しています。

　ライプチヒ研究所は第二法則の要求実現のため，最も顕著な研究業績をあげました。創立者W.ホフマンは近代図書館の条件として《いずれの読者もすべて，その人の本を見つけることができる》ように援助すべきだと考えました。そこで《適切なときに適切な方法で，適切な本と適切な読者とを結びつける人》，これこそが蔵書と読者と並んで図書館の第3の要素だと強調したのです。そういう図書館員は，本についての知識と同様に，読書の心理学的基礎について知る必要があると考えました。そこでこの研究所は，レファレンス・サービスをする図書館専門職員の訓練を目的としたのです[7]。

　この考え方を**インドに応用**してみましょう。最もすぐれた専門家でも人による援助を必要とするはずですから，一般の人や学生はなおさらです。第二法則を知らない人は，読者に対する過保護だというかもしれません。インドでは，いくらか字が読める人を安い給料で雇えば図書館員として十分だと考える図書館管理者が多いのですが，この考えを克服するためには多くのホフマンが必要になります。【351節】

イタリア：公立図書館連盟はおよそ20年前に設立され，第

二法則の主張を忠実に実践しています。図書館の設立，一般読者向きの本の出版の促進，図書館に対する財政援助を個人や政治団体，地方自治体や国に働きかけ，図書館員の専門的訓練も計画しています。

政府の活動は，ファシスト政権は図書館活動に関心を示しています。一般読者のための本の出版に財政援助を始め，それを予算の少ない図書館に無料で配布しました。また国の図書館システムの再編成を図るため，国立図書館総裁を任命，図書館学部を1校増設して3校としました。【352節】

フランス：この国には貴重な資料が多いのですが，図書館全体の組織がなく，第二法則からすれば貧弱といわざるを得ません。第二法則がやっと認識された段階でしょう。【353節】

ベルギー：第二法則は1921年の図書館法通過とともにこの国に入ったばかりですが，すでに多くのことを成し遂げました。1928年にこの国には2,154の図書館に3,615,494冊の蔵書があり，517,822人の読者が7,518,630冊を利用しています。1921年には1,200の図書館から265万冊の貸出がありましたから，第二法則の成果であることは明らかでしょう。しかし2,675ある自治体の中で，まだ946の地域には図書館がありません。ここに第二法則に残された仕事があるといえましょう。【354節】

オランダ：この国の図書館組織は，他の国のそれとはまったく異なり，1784年に公益協会（the 'Society for Public Good,' 略称 Nut）が設立され，国中に分館を設けて本の貸出をしてい

ました。そこでほとんどの都市では,地方自治体が図書館を設立するのを待たずに,市民が会費と寄付金とで私的に図書館の運営を始め,それが今日の図書館の原型となったのです。今日この種の図書館は100館あり,運営の基盤を固めた後は地域と国とから財政援助を受けています。ハーグにある中央公共図書館協会は有力な団体で,その推薦に基づいて教育省は補助金を交付します。このシステムの一つの欠点は,図書館の収入が会員数や地方と国との財政状況によって年々変動し,きわめて不安定なことです。【355節】

英国：1850年のエワートらの努力で成立した図書館法が図書館運動の種を蒔きましたが,その発育は遅々たるものでした。20世紀に入って,カーネギーが寛大かつ賢明に肥料を与えて,この木は急速に成長を始め,その種は英国中に蒔かれました。一方政府は,好意的な微笑をもって見守るばかりでした。

　第二法則に対するカーネギーの援助が大きかったことは統計に明らかです。1850年以前から1927年までに537の図書館がつくられましたが,その71％（381館）はカーネギーの説得による図書館建設であったといいます。

カーネギーと県立図書館計画：これについては財団自体が唯一の発議者であり,推進者でした。その影響力で法律が成立し,この計画が前進し,継続できるようになったのです。

　しかし**政府の消極性**は変わりませんでした。政府の姿勢にもかかわらず,第二法則の英国遠征は大きな**成果**を上げ,《すべての人に本を》という理想はほぼ達成されました。今やイングランドとウェールズの住民の96.3％は自分の読みたい本

を図書館から入手できます。都市と農村の図書館の蔵書冊数は1300万冊，年間貸出は8000万冊に近くなりました。図書館の常連は約15％，年間の経費は1500万ルピーに及んでいます。これは図書館税として徴収され，農村における割当て税率は都市のそれの1/4に当たります。

　第二法則の英国遠征は完全な成功をおさめ，図書館運動は最終段階として，国レベルでの**統合と協力**を進める段階にあるといえましょう[8)]。【356節】

36　大洋州

オーストラリア：ここにはカーネギーの援助はありませんが，第二法則を受け入れる努力においては英本国に劣りません。自治体や州の援助を受けている図書館は1,200館に及び，農村地域には郡会館（County Institute）があって，読書要求に応じています。【361節】

ハワイ諸島：ここは「意志があれば道がある」（Where there is a will, there is a way＝精神一到，何事かならざらん）そのまま，というところです。《すべての人に本を》提供するためには，8つの大きな島といくつかの小さな島からなる自然条件がさまざまな障害となります。多民族，多言語，島々への人口の分散があるからです。それだけに第二法則には大きな期待がかけられているのです。

　その**成果**として，4つの郡立図書館から246の配本所を通して，どこでも，レベルの高い均一な図書館サービスを受けることができます。図書館の経費はすべて州の支出で，年

間総経費は30万ルピーに達します。図書館員はしばしば各島を巡回し，利用者の要求を知るとともに，利用者をより広い学習の世界に案内します。年間貸出冊数は70万冊。ハワイの全人口25万からすれば，これは強い読書意欲の表れと見ることができます。海底電信ケーブルの管理のために15人しか住んでいない島にも，図書館員は本の交換のため年に4回は出かけています。文字通りの《本はみんなのために》の実現です[9]。【362節】

37　アジア

日本：20世紀において近代的な図書館運動が日本で起こりました。それは急速な工業化，新しく得た富と西欧政治思想の大衆への影響，そして国民が徐々に世論形成に参加するようになったことなどが原因であり，また結果でもあります。

　日本は開国をして初めて世界からの脅威に**覚醒**しました。そこで世界の変化とともに変化する方針をとり，青年を海外に送って学ばせる一方，国民の教育に力を入れ，1872（明治5）年「学制」を発布，「家に不学の人なく，村に不学の戸なかるべし」という方針を明らかにしたのです。

　これは《すべての人に教育を》という政策を天皇の政府がとったことを意味します。最初は学校教育の普及だけを考えたのですが，その後政府は《すべての人に本を》という第二法則に援助を求め，**図書館組織の成長**を図り，1899（明治32）年，最初の図書館法規を公布しました。その後文部省から各県知事に対する非公式の奨励もあり，図書館数は急速に増大し，1926〜27（大正15〜昭和2）年には4,337の図書館と

7,623,371冊の蔵書を持つに至りました[10]。

　文部省は年2回選定図書目録を発行しています。また帝国図書館の協力のもとに，図書館員教習所を開設しました。図書館運動の**促進のための機関**としては，1892（明治25）年，日本文庫協会が民間団体として創立され，図書館週間を実施するなどして国民の強い関心を集めています[11]。【371節】

　原著ではこのほか，南満州鉄道株式会社が**旧満洲**の地に開いた図書館事業を紹介しています。大連図書館は蔵書12万冊，この地域についての外国語図書も豊富でした。【372節】

中国：国民党政府は公立図書館と成人のための識字教育学級とのために教育省の一部局を社会教育にあて，図書館運動に刺激を与えました。中国図書館学会は1925年の設立です。この国の図書館運動は米国からの援助や海外各地の華僑からの寄付金によって支えられています。図書館員の教育は米国留学を主としていましたが，最近，武漢文華大学に図書館学校が設けられました。他の大学においても夏期講座などが置かれています。【373節】（374節は省略）

38　インド

パンジャブ：インドでは第二法則が新しく活動を始めました。古代の多数の教育機関の伝統を重んじるかのように，第二法則はその最初の主唱者としてパンジャブの公教育局を選びました。そこから発展を始め，現在では1,600の農村図書館が中学校図書館に付設されて公開され，農業，協同組合，健康

問題その他についての本を提供しています。【381 節】

連合州：連合州政府は郡部への移動図書館の巡回を実験的に始めました。これも第二法則の影響でしょう。【382 節】

インド政府：政府もまた第二法則への理解を持ち始めたようです。教育省の教育監督官がまず《すべての人に本を》という考えを受け入れました。今後の教育改革がどんな方向に向かうにせよ，「図書館が近い将来，教育における顕著な地位を占め，その影響が国中に広がるであろう」という監督官の認識が実現するよう，州の教育長各位の早急の施策を望みたいものです。【383 節】

ベンガル：ここでは，第二法則のメッセージを伝えるために，図書館協会を結成しました。【384 節】

バローダ：《すべての人に本を》を完全に実施する条件が整っているのは，ここだけです。バローダの財務長官は「ここでの図書館運動は慎重に審議され，領主殿下によって承認・実施された民衆教育計画の一部である。補助金による無料の公立図書館組織は，1910 年に始まり，今では町村の図書館と移動図書館とを含むネットワークに成長し，州人口の 60％以上にサービスを提供している」といっています。

　この運動はバローダの図書館が中心で，その付属機関として東洋研究所，婦人図書館，青少年図書館，視聴覚教育部門があります。そして郡と町の図書館 45 館（利用者 19,000 人，蔵書 222,000 冊）と，村の図書館 661 館（37,000 人，250,000

冊）があります。図書館を持たない村では移動図書館部がサービスにあたり，1926〜27年には418箱（13,400冊）を123のセンターに発送したという**成果**をあげています。【385節】

アンドラ・デサ：1920年代の終わりに蒔かれた種が今や豊かな実りを見せています。これはアンドラ・デサ図書館協会の努力によります。【386節】

マドラス：図書館協会は3年前の創立ですが，政府を説得して中心となる保存図書館の設立に成功，さらに二つの郡立図書館を小規模ながら発足させることができました。協会は一般読者のための本のリストを出版し，また夏季学校を開いて第二法則とその他の法則の理解者を育てています。協会は「みんなの気持を図書館と本の方に向けるために」PR活動を展開，州内第一の州立大学（マドラス大学）と提携して図書館学の法則についての授業を開講することができました。その後は大学が引き継いで図書館学講座としました。

　それでも，反対や反抗を乗り越えなければなりません。政治的，経済的，言語，財政などに基づくさまざまな障害があるからです。もしマドラスにもカーネギーがいて，図書館に必要な**基本財産**を提供してくれたら，この問題は解消するでしょう。しかし，この地の富裕者の関心は，南米と同様，宗教および慈善団体に向けられているようです。

　インドがカーネギー財団の援助を受ける見込みは今のところありません。オランダの例のように，地方自治体の発議を待たず，図書館の設立を始めるほどに住民の関心が高いわけでもないのです。それでもわれわれはブルガリアやルーマニ

アのように古い壺を持っています。問題は，誰がこの**インド固有の働き**を持つ壺に新しい酒を注ぎ込むか，なのです。

　もし財力もあり影響力もある団体が力を貸してくれるのなら，マドラス図書館協会はポーランド図書館協会のように第二法則に自発的に協力し，かつ PR の機関となることができるでしょう。第二法則の浸透の歴史がわれわれに教えてくれることは，《すべての人に本を》提供するのは，教育省の責任だということです。第二法則の指令を満足させる方法をわれわれに示すのは，中欧および東欧の新政府であり，西北ヨーロッパの昔からの政府です。そしてインドの教育省に対して**インスピレーションの源**となるのは，チェコスロバキア，フィンランド，スウェーデン，デンマーク，日本，そしてハワイの実例です。【387節】

マヌの格言：図書館学の第二法則の世界制覇を概観しました。それを終わるにあたって，インドにおける第二法則の迅速な成功を心から祈ります。それとともに州の教育長各位に対し，他の先進国の実例は，ほかならぬインド古代の律法家の教えと一致することを伝えたいと思います。それは：

　　　知識を無学の人の戸口まで運び，一人ひとりが知識を学ぶ権利を持つことを，すべての人が理解するように導くこと，このサービスは，地上の支配権を与えられるよりもはるかに大きな意義を持つものである[12]。【388節】

注
1) **50年代からの図書館運動**：1850年の英国図書館法の成立，1853年の米国最初の図書館員会議などがそれにあたります。図書館を

必要とする人の強い意欲が法律や会議を生んだといえましょう。
2）　**カーネギーの寄付**：1898 年から 1919 年の間に，世界の英語国に 2,509 館の図書館（うち米国に 1,679 館）の建設費を援助しました。その後は，図書館の運営にはすぐれた図書館専門家が必要であるという認識から，その教育を大学院で行う道を開きました。さらに図書館員の団体や大学図書館などの支援を行っています。
3）　**日本での逆戻り現象**：1916（大正 3）年，教育者・芦田恵之助が「学力の剥落」現象を指摘したことで明らかになりました。それは兵士の学力の貧困さから知られるようになったのです。教育学者・大田堯は，1939 年から 42 年までの兵士の学力剥落を研究し「高等小学校まで 8 年間学んでも，20 歳ごろには小学校 3 〜 4 年程度の設問に答えられなくなる。与えられたものを読む力はかなりの学力をとどめているが，自分の考えを伝えるための文の創造，構成の力がひどく後退している」と報告しています。
4）　**日本での問題**：ランガナタンはチェコとマドラス州とを対比しましたが，21 世紀初頭の日本と対比したらどうでしょう。**市町村立図書館**の運営経費（人件費を含む図書館年間経費）は，市町村の普通会計歳出総額の少なくとも 1％以上が必要と日本図書館協会は主張しています。この目標にはまだ至らないのが現状です。

　　言語上の少数民族というとらえ方はなじみがないかもしれませんが，アイヌ語や南西諸島の言語が絶滅を心配されています。言葉が絶滅することはその文化が消え去ることです。この列島上で生きてきた人間の文化が消えていく，と考えると，傍観していてよいのかと思います。

　　図書の生産の問題は，人口が少なく，その国での出版産業が成り立たない国での大きな悩みの一つです。英語を公用語あるいは通用語とする国であっても，その国のことや考え方，感じ方を表現するには英米の出版物では役に立たないことがあります。「他国の出版物には満足してはいないが，ほかに手段がないからそれを使わざるを得ない」という切実な悩みがあるのです。ここに言語上の少数民族との共通点があると思います。
5）　**タミル図書館協会・タミル語図書選択委員会**：これと出版社と

の交渉について述べていますが,この言語を使う地域がランガナタンの生まれ育ったところでした。彼が生涯に使った言語は,インド思想についてはサンスクリット語,学問上は英語,そして親戚との間ではタミル語でした。彼が来日したときの署名は,英語,サンスクリット語,タミル語で書かれています(口絵参照)。

6) **国民高等学校**:これは国の教育制度の枠外ですが,18歳以上の青年を集め,冬を含めて4～8か月間,農業教育を中心として教育し,郷土愛の高揚を目的とする全寮制の私立教育機関でした。ドイツ,ガーナ,インド,日本にも影響を与えました。

7) **W. Hofmann** (1879-1952):ライプチヒ市立図書館長。1910年代から民衆教育のための図書館の役割を唱導。図書館技術と図書館管理の専修学校に次いでライプチヒ研究所を設立,ただ本を貸し出すだけの図書館ではなく,読者を理解し,適切なサービスを積極的に行い,民衆のために働くべきだと主張しました。

8) **カーネギーの説得による図書館建設**:森耕一教授はこの点を詳細に調査され,71%とは過大評価であって,実際には263館(51%)とされました。いずれにせよ,英国の政府や政治家の態度が「好意的微笑をもって見守る」だけで,実際はカーネギーの援助によって英国の図書館運動は動き出した,というのがランガナタンの見解です。彼は上院議長,国璽尚書という最高の地位にある貴族が「教育やそのための機関である図書館の充実は,自治体の努力に任せるほうがよい。政治家は,それがよいことであり,それを推進することによって票が集まると確信できたときに手を出すのだ」という意味の発言をした,と原著のこの箇所に書いていますが,そこには,彼と政府高官との関心の落差が見てとれます。しかし,それから60年後の彼の自伝には,この貴族のスピーチが「豊かな機智と知性と政治的手腕を示すもので,きわめて強い印象を受けた」と記されています。この違いは何でしょうか。

おそらく帰国後45年にわたって図書館運動を続けたランガナタンは,その貴族の講演について「住民が真に図書館サービスを望み,それを行政が受け取って計画を立てる」という点に解釈の重点を移したのでしょう。住民が望んでいないところに図書館を

建てたとしても長続きはしないことをランガナタンは身をもって知ったと思います。それは寄付を求める自治体に対して厳しい条件を付けたカーネギーと同じ見方です。

　それなら，住民が望まないところには図書館はいらないのでしょうか？　そこに第二法則があり，努力があるのです。英国ではカーネギー財団が第二法則の意思を具体化したといえましょう。

9)　**ハワイ**：ハワイが準州から州に昇格したのは 1959 年。ここで「州（the state）」というのは，Territory 時代のことですが，それでもきめの細かい図書館サービスがあったことを示しています。

10)　**日本最初の図書館法規**：これは図書館令のことで，天皇の命令として公布されたものです。国の法律として制定されたものは，1950 年の図書館法が最初です。この法律によって初めて図書館資料の利用は無料，と定められたのです。

　ここでランガナタンがあげる図書館の数は，文献上は間違いではありません。しかし実態は，図書館という看板を掛けていたにすぎないものが多かったのです。1936 年の文部省調査では，図書館数は 4,609 に増えていますが，蔵書数は 1,000 冊未満が 3,055 館，1 万冊以上の図書館は 180 館，その蔵書の中には江戸時代以来の和漢書がかなりの部分を占めていたことでしょう。職員数は 1 館平均 2.4 人でした。少数の大図書館を除いては，住民の利用に耐える内容ではなかったと思います。ランガナタンはここで《活動している図書館数》として 1909 年から 1927 年までの急角度の上昇のグラフをあげていますが，ここには掲載しませんでした。

11)　**日本図書館協会**：1892（明治 25）年創立の日本文庫協会が 1907（明治 40）年，日本図書館協会と改称，どこからの補助も受けない，独立の団体として，日本中の図書館の発展のために 110 年以上働き続けています。国際的にみると，米，英両国に続く世界で 3 番目に成立した図書館協会ですから，日本の先人たちの感覚と努力はすばらしいものだったと思います。

12)　**マヌ**：マヌ法典。紀元前 2 世紀から後 2 世紀の間に成立。古代インドの宗教，道徳，生活規範を定め，長くインド社会を規定。

出典：Ranganathan, *The Five Laws*, 2nd ed. p.189.

第 4 章　第二法則とその意味

　本章は《いずれの人にもすべて，その人の本を》という目標を実現するためには，何が必要かを問いかけます。そしてその大きな要件として，財政問題，つまりそのための費用を誰が支払うのか，ということを検討するのが目的です。

　公立図書館はその自治体の税金で維持されています。これには普通税から支出する場合と，図書館税という目的税による場合があります。日本の場合は普通税からですが，米国では地域によってそのどちらかを選択しています。ランガナタンはインドで図書館税によるべきことを主張し，その根拠と方法，図書館システム，図書館主管当局と図書館員と読者との三者それぞれのかかわり方をこの章で説明しています。

　日本とは税の仕組みが違うのだから，日本で図書館のことを考えるのにこの章は何の役に立つのか，という疑問が生まれるかもしれません。しかし目的税か普通税かは税金を集める上での区分です。税金で支えるという基本は変わりません。そこで，なぜ図書館を税金で支えるのか，税金で支えられる機関として，図書館はどうあるべきか，そして読者は納税者として図書館サービスをどう受け取るべきか，本章はそれを考えるための示唆に富んでいます。

　なお原著では，インドの州レベルでの図書館法と連邦の図書館法の実例を示しています。2006 年版の原著との相違も考え合わせて，ここではその各章のタイトルだけをあげることにしました。

40　本章の範囲

本章では，第二法則が示す「社会的存在としての図書館」の適切な規模や条件について考察します。そこでまず，Every Person His or Her Book という表現の Every と His or Her との検討から始めましょう。

Every の意味：Every に重点を置いて考えることは，利用者の要求の多様性を認めることです。その一人ひとりが求める本を提供するためには，誰が何をなすべきか。それを，(1) 州と国，(2) 図書館主管当局，(3) 図書館職員，(4) 読者について見ていきたいと思います。【401 節】

41　州の役割

それは，(a) 財政，(b) 立法，(c) 調整です。調整は財政上の問題の軽減に役立ち，立法化は，財政と調整とをどのように行うかを規定します。

財政：図書館という組織が地域住民一人ひとりに十分なサービスをするためには，財源が必要です。その調達は自治体が自ら行うべきものです。地域にカーネギーがいなければ住民が負担しなければなりません。州の役割はその拠出の割合を決め，自治体との間で徴収と分配の仕方を定めることにあります。【411 節】

図書館税：図書館税を提案するといつも政府閣僚は「激しい

非難や住民の強い反対があってできない」といいます。反対があればどんな税金でもやめるのでしょうか。閣僚がもし「すべての人に本を」という第二法則の意味を理解していないとすれば，この法則が持つ経済的価値から説明する必要があります。

それは，**図書館財政の経済学**といえましょう。地域の人は地域の財産なのです。この人間という財産を保全し，より生産的で価値あるものに育て上げることは，地域社会に経済的な利益をもたらします。学校や図書館は，そのための重要な公共機関です。人間の精神的価値は重要ですが，そのほかに，経済的な価値があることを認めなければなりません。

この**人という富**については，1922年，米国の生命保険会社の研究結果があります。米国民の経済活動を合計すると，国の物質的な富の5倍に及ぶというのです。これは国民の経済的価値を発展させるのに，学校や図書館がきわめて重要であることを示しています。人が普通教育を適切に受けた場合，教育のない人に比べて，より大きな経済的価値を自分と地域のために生み出すことが常に確認されているからです。それぞれの地域に対してこれほどに大きな貢献をしていることを，国も，一般の納税者もほとんど考えてはいません。これを認識して教育政策の大胆な一歩を踏み出すのは，**政治家の役割**です。そういう政治家は，将来そのすぐれた先見性のゆえに賞賛を受けることになりましょう。【412節】

住民の反応：自分が本を求めているときに，その本を図書館が提供してくれると，住民ははじめて図書館とは自分たちの役に立つものであることに気づきます。そこから住民は，図

書館税の徴収をむしろ喜ぶものと考えられます。この利益が全住民に届けば反対はいずれ消えてゆくでしょうが，最初の行政のひと押しは必要です[1]。【413節】

英国の例：第3章で述べたエドワード・エドワーズは1848年，ヨーロッパと北米主要図書館の統計的概観を発表しました。それに促されて，エワートは公立図書館設立を検討する特別委員会の設置を英国議会に提案しました。この委員会の報告に基づき，彼は下院に**図書館法案**（1850年）を提出。固定資産税1ポンドにつき半ペニー（1ポンドの1/480）を超えない額での税率を定めました。この実施には各自治体で住民の2/3の賛成を得ることが条件でした。これに対して，国家窮乏のときに適切でない，遠隔地の住民には不便，政治的扇動者を養成する危険がある，などと反対されましたが，118票対101票で可決されました。この法案はさらに公費で本を購入することはできないなどという数々の修正を加えられたため，**骨抜きの法律**となりましたが，しかし将来への種子は残りました。**1854年の改訂**を経て**1919年の図書館法**では，第二法則の浸透が反対論を消滅させ，すぐれた政治家の尽力を得て，課税上限を完全に撤廃，図書館主管当局の望むままに課税することが異議なく議会を通過したのでした。【414節】

反対の緩和：《いずれの人にもすべて，その人の本を》という第二法則の主張によって，人は「自分のための本」があることを知りました。そのことが世の中に広まって，そこから反対を緩和する力が生まれました。第2章の「本の選択」の項で，それまで本が自分の役に立つことを知らなかった英国

の農民や園芸家に対して地域図書館長が行った努力を紹介しました（236節）。結局のところ，図書館に好意的な世論は，こうした読者の個人的な意見を生み出す努力と，それをまとめて提示することによって形成されるのです[2]。【415節】

立法：19世紀各国の図書館立法は，英国とまったく同様な過程をたどりました。あえてそれを見送った国々は，チェコスロバキアの図書館サービス普及の努力に学び，公立図書館の義務設置を定める法律の制定に努力しています。【416節】

インドへの提言：インドの諸州は，公立図書館法の制定と，世界各国のレベルにインド各州が到達するための少額の出費の決定を急がなければなりません。【417節】

関係閣僚会議：政府の責任者たちが第二法則と一緒に図書館の問題を討議しているところです。その出席者は：
　1. 州の開発担当相
　2. 財政担当相
　3. 教育担当相
　4. 公教育局長
　5. 公衆衛生局長
　6. 工業局長
　7. 農業局長
　8. 農村再開発局長
　＊　第二法則が特別招待者として出席。

開発担当相：政府を代表して本日の特別招待者，第二法則女

史のご出席を歓迎いたします。この方の使命は《すべての人に本を》でありまして，この困難な仕事の実現に多年努力をしておいでです。本日の会議はこの方の活動の結果生まれたものであります。

教育担当相：私も地域の人々の教育条件の向上のために努力をしていますが，財政問題のため，その実現は困難です。財務担当相のご配慮に期待する次第です。

財務担当相：何かできると嬉しいのですが，増税以外には方法がありません。その原因はみなさんがご存じでしょう。

公教育局長：財政問題が出ましたので，率直に申します。卒業後の子どもたちの識字力を維持し，その知識を広げるためには，公立図書館が必要です。それがないために識字力を失う子どもたちが39％にも上ります。これが公的な資金の使い方として健全といえるでしょうか？

教育相：確かに長期的な観点が必要です。

第二法則：お話の途中ですが，発言をお許しください。英国では，5歳から14歳まで教育に費やされた経費は，成人学級と公立図書館とによって卒業後の識字力を維持しないかぎり無駄になる，といいます。

教育相：私もその報告を読みました。財務相に懇請したいことは，識字力を養うために7000万ルピーと，識字力を維持するための仕事を始めるのに700万ルピーとを与えていただきたい。それは既存の建物の維持管理費を計上するのと同様に，卒業後の識字能力維持に取り組まなければならないからです。

農村再開発局長：教育相のご意見に賛成です。図書館が教育上有効な機関であることがまったく無視されています。イ

ンドで必要なのは，村々の小さい図書館です。それは英語のわかる住民とその部族固有の言葉しか話さない人との双方に役立ちます。さらに，私の仕事は図書館がないためにまことにやりにくいのです。住民の心の中のアイデアを生かし，それを育てる手段として図書館が必要なのです。

農業局長：同感です。我々の仕事は，都市の大きな貯水池に水を貯めても，水を配分するパイプがないのと同じです。

第二法則：私の見るところでは，あなた方の出版物は農民が興味を持って読んでいます。

公教育局長：問題はそこです。読書には図書館が必要ですが，我々にはそれがないのです。

財務相：そうでしょうか？　たくさんの出版物を農村に送ったけれど，人は学ぼうとはしません。これは住民の無気力さと，学習意欲のなさの証明だといわれていますが。

開発相：王立農業委員会の報告書には，機会さえ与えられれば，インドの農民は強い積極性と十分な能力を発揮するといいます。それにはまったく賛成です。しかし広報用のパンフレットは読まれてはいません。これはなぜでしょうか？

第二法則：郵便配達員は確実に届けるのが仕事ですが，図書館員は本と人とを結びつける努力をする人なのです。

　ここで農業局長は第二法則の発言に感謝し，開発相とともに従来の農村振興費を第二法則の示す方向に使いたいといいます。そこで財務相との間に，官庁の権限についてのやり取りがあり，またそれまでの施策に対する農民の反応がいかに無気力であり，現状がいかに絶望的であるかが語られます。

第二法則：もし農村に熱心な図書館員がいる活発な図書館（a live library with a librarian）があれば，事態は変わるでしょう。農村振興事業に空費された経費を農村向上のために使い，生産物がいつも在庫して需要に応じるように変えていくためには，《いずれの農民にもすべて，その人の本を》提供すべきです。財政状態を理由に全国図書館計画を取り上げないのは，賢明でもなく，経済的でもありません。

公衆衛生局長：私も予算のすべてを最大限有効に，と考えていますが，公立図書館がないためにその努力が妨げられていると感じています。

第二法則：米国では，図書館サービスの大きな経費は健康保険の保険料金と同じで，将来に対する準備金なのです。

農村再開発局長：私が経験から学んで確信するのは，人間の体の発達と健康の維持とは，医師の努力よりは社会全体の向上による影響が大きいということです。そのためには教育され啓発された世論が必要です。教育を受けた人びとだけが病気と効果的に闘うことができます。そして人びとは公立図書館の効率的なネットワークによらなければ教育され得ないのです。

財務相：というと，公立図書館は公衆衛生局の仕事もするのですか？

第二法則：その答えは，Yes and no です。それが病気の治療にかかわるのであれば No であり，生命を救い，仕事にも生活にも地域社会をより健康で楽しくするための知識を広めるという点では Yes です。

公教育局長：私は健康教育について学校教育の不十分さを認めなければなりません。生理機能と健康の法則を人びとが

学ぶための無料図書館システムもありません。

公衆衛生局長：それがインドの死亡率の高さの原因で，英国の2倍に及びます。幼児の死亡率はニュージーランドの4.5倍。インドでは5歳児の平均余命は35年，それが英国では54年です。デンマークでは100,000人の少年少女の半分が65歳まで生きますが，英領インドでは半分が11歳までに死亡しています。

第二法則：デンマークの行き届いた図書館組織のことを考えると，それは不思議ではありません。デンマークのモットーは《本はみんなのために》ですから。それはその経費を十分に償って余りあります。

財務相：第二法則女史は，図書館を建てれば11歳で死ぬはずの少年が65歳まで長生きをするといいたいのですか？

工業局長：その解釈は公平でもなければ正確でもありません。女史が言われるのは，世論の形成に公立図書館が何よりも大きな働きを示す，ということです。衛生の向上と伝染病の予防，食事，衣服，運動，新鮮な空気，酒を飲んでも酒に飲まれない生活など，健康第一にものを考えるようになれば平均寿命がのびる，と主張されているのです。

公衆衛生局長：公立図書館の設置と公衆衛生の水準の間には一定の相関関係があって，年とともにかなり大きくなっていく，といえるでしょう。

農村再開発局長：公立図書館は地域社会のすべての階層の人々に知識を広めるという点で，他の公共施設よりもすぐれていると思います。

教育相：ですから，公立図書館は，個人と社会の幸福を築くために知識を役立てるという，積極的，活動的で強力な機

関となる可能性を持っているといえましょう。
工業局長：近代社会で公立図書館を持たないのは，車に車軸がないのと同じです。
財務相：みなさんの熱心な言葉を聞いていると，私が本と図書館の価値をまったく認めていないとお考えのようです。そうではなく，必要な資金を見出す方法と手段とに苦心しているのです。

　ここで開発相が資金の調達について第二法則の意見を求めました。

第二法則：それは次のうちの一つ，あるいは全部によります。(1) 地方税，(2) 政府からの補助金，(3) 私的な寄付または基金の設定です。
教育相：3番目から宗教関係の基金を思い出しましたが，今ではあまり利用されないように思います。
財務相：それはいい考えです。国の富の大きな部分が宗教的施設に閉じ込められているようですが，それを活用すればインドにカーネギーがいないと悔やむことはありません。
第二法則：でもこういう寄付や基金は出発点にはなりますが，毎年の維持費は地方で負担しなければならないのです。
財務相：そこが難しいのです。
第二法則：他の国では，住民がきちんと運営されている図書館サービスについて知り，そこから受ける利益を楽しむことを知ったら，このサービスに喜んで税金を払うことになることは明らかなのですが。
財務相：そのことに確信が持てないのです。

第二法則：インドの実例から推論しても，また他の国の実例でも，図書館に使った経費は将来 10 倍になって戻ってきます。それは市民生活の合理化による感覚や習慣の変化，平均的な生活水準の向上による人間的能力の増大，労働者の技術の向上による生産力の増加，多様な情報に基づく取引の仕方による商業の繁栄という形で返されるのです。公財政と家計とは違うのですから。

教育相：教育に対する支出は，済んでしまったことに対する支払いではなく，将来もっと価値ある形で返ってくるために，今支出をするという性格のものです。そして，われわれが改善を続ける限り，人は教育的に向上します。どんな国においても，知識と経験なくしては民主主義は成立しません。そのため，この仕事にはすぐに着手しなければならないのです。最初の段階での失望がどんなに大きくても，それが大きければ大きいほどこの目的のための行動力と，この仕事の有用性とが大きくなります。そしてそれは全体として国の利益になることなのです。

ここで開発相は第二法則に，もし税金を慎重に徴収できるとしたら，実施のためのもっと細かな部分はどうなのか，それについての助言を求めました。

第二法則：それには公立図書館局長をこの会議のメンバーとすること，図書館法を施行することが必要です。その参考のために一つの州の図書館法草案を用意していますからお目にかけます。

さらに第二法則は，米国の一風変わった実例として，州法に違反した結果納付した罰金を図書館の費用にする州があることを述べ，出席者からはインドでの実例を述べて，この日は散会しました。【418 節】

42　州の図書館法
［各章のタイトルだけを挙げました］

第 1 章　まえおき，名称
第 2 章　州図書館主管当局
第 3 章　地方図書館主管当局
第 4 章　地方図書館委員会及び村の図書館委員会
第 5 章　州立中央図書館
第 6 章　財政，会計及び監査
第 7 章　利用，基準，報告
第 8 章　規則と細則

43　連邦図書館法

国立中央図書館の設立と維持，ならびにインド，外国および公海上の包括的な図書館サービスの発展と協力とのために，以下の法律を定めています。

第 1 章　まえおき
第 2 章　国立図書館主管当局
第 3 章　国立中央図書館
第 4 章　財政
第 5 章　国立中央図書館の活動

44　図書館システム

　先に州としての三つの義務があり，その3番目が調整であることを述べました（41節）。これは二つの相反する要因を調和させる試みです。その要因とは，その地域の財政には限界があることと，《いかなるときにも，いずれの読者にもすべてその人の本を》提供することとの二つです。これを両立させるのには，注意深い計画に基づいて図書館の調整と協力を進め，地域の資料の賢明な蓄積を図るほかはありません。それは国民経済の発展に必要なものという点から，州によって推進されるべきものです。つまり，州は，州内の図書館を一つの図書館システムに統合すべきなのです。これには三つの異なるレベルでの調整手段が考えられます。それは：

(1) 一番基本となる地域図書館区域（Local Library Area）について，その広さの下限を設定すること。これは法律によらなければならない。

(2) 図書館間の友好関係を深め，専門化と図書館間相互貸借を促進すること。これは定期的会合でのインフォーマルな提案や意見交換によって進められる。

(3) 相互協力の中心機関をつくる。州が経費を負担し，直接運営にあたる。

図書館設立の可能性：小さな地域で徴税額も少ないところに，独立の図書館をつくるのは難しいことです。財源に乏しく，図書館サービスも充実せず，建物が建つ可能性もありません。有能な図書館員も得られず，本の購入冊数も少なくなるでしょう。そこで州は，課税のための最小限の条件として人口を

独立した地域図書館の基礎とすべきです。これが設立を可能にするための条件となります。【441 節】

マドラス州での設立可能な地域：マドラス州では，人口 50,000 以上の市ならば有効な図書館サービスを期待できます。州内にこの規模の市は 12 しかなく，それに次ぐ町として 20,000 以上のところが 40 あります。そこでこの州には 52 都市域に図書館主管当局を置くことができます。他の地域には，26 の郡図書館主管当局を設置して，移動図書館サービスを実施するほかはありません。【442 節】

主題別専門化：マドラス州全体の図書館主管当局の数は，上記によってわずかに 78 です。各主管当局は《いずれの読者にもすべてその人の本を》独力で提供するために十分な資金を確保することは容易ではありません。少ない経費から 1～2 冊の高価な本やほとんど使われない本を買ったところで，国民経済への実質的な影響は生まれません。図書館が役に立つためには，78 ある図書館主管当局がそれぞれに収集すべき専門分野，たとえば地方史，地域産業など，その地域の重点分野を定め，分担収集をすることが必要になります。その範囲以外の資料について市民から要求があるときは，その主題を分担する図書館から借りて提供するのです。【443 節】

州・国の機能：世界のすべての国々では，こうした計画と図書館間相互貸借の必要性が強く認識されています。その実りある成長を徐々に進めることができるのは，州のような中心的な存在だけです。そのため州は定期的な協議会を開き，時

に応じて必要な調整を行います。また，分類，目録，製本，PR など，図書館の諸問題についての考え方も，この機会に交流するのです。【444 節】

州立中央図書館：このような調整機能と健全で自発的な協力とを 78 の図書館主管当局にもたらし，より一層国民経済の向上に資するためには，州が直接何らかの措置をする必要があります。この調整活動は，教育省が州立中央図書館を通じて行うべきです。【445 節】

基本的機能：その一つに情報センターの維持があります。これは既述のように，プロシャ国立図書館にあるものと同様です (35 節)。それは州内のすべての図書館の総合目録を持ち，必要に応じて図書館間相互貸借を円滑に進め，州内のどこに住んでいようと《その人の本》を，時間と経費とを気づかうことなく手に入るようにするのです。

　州は，利用頻度の低い高価な本を州立図書館に備えて，各地域の図書館主管当局に貸出します。その結果，各地の図書館主管当局は，よく使われる本や地域の関心の集まる本に経費を使うことができるのです。

　州立図書館は，各地の図書館から利用頻度の低い本を集め，将来の利用のための保存図書館の役割を果たします。また州立図書館は，視覚障害者のための図書館や船員図書館のように，一地域のサービスに限定することができない一種の専門図書館の維持・管理をしなければなりません。【446 節】

その他の機能：州立中央図書館は，米国議会図書館のように

相互協力による目録作成作業や書誌文献を刊行すること，出版界のために書誌的基準を定めて出版物の向上を図ること，ソビエト連邦のように本の需要や供給に関するデータの収集を通して《いずれの人にもすべて，その人の本を》提供するための出版を促進すること，図書館サービスの適切な基準を維持すること，州全体のための図書館として，図書館の考え方や新しいアイデアの情報センターとなること，館報を発行して，図書館間の相互刺激を高めるため，情報を交換し，互いの業績や新しい経験を学びあうことができるようにすること，などの可能性を持っています。【447節】

45　大学図書館システム

　全国図書館システムにおいて州に求められる調整機能がありますが，そのいくつかは他の図書館システム，たとえば大学図書館システムにも適用されます。そこには中央館といくつかの部局図書館，さらに大学を構成するカレッジの図書館があります。大学の管理者が大学図書館の資料費を適切に節約し，無駄な重複を避けようとするのなら，学術的および経営的観点から注意深く構成された図書館委員会において，この調整機能の発動を検討する必要があります。それによって不十分な予算しかないカレッジ図書館に，学生の利用に応じるのに十分な学習用の本や，その他要求の多い本が備えられることになるでしょう。

調整：大学がきわめて富裕でない限り，学部の蔵書については以下のような調整が必要です。学部の構成員が毎日使う重

要なレファレンス・ブックスと現在の関心の対象である本については複本を備えます。それ以外は必要の都度中央図書館から借り出すのです。学術雑誌についても，学部ごとに高価な学術雑誌のセットを複本で揃えるよりも，できる限り多くの種類の雑誌を1冊ずつ購入するようにすべきです。【451節】

大学理事会の機能：大学理事会が図書館について以上のような調整を試みるとすれば，図書館予算は長期にわたって支持され，第二法則の理想の実現にもっと近づくことでしょう。部局図書館は，大学の中央図書館システムが持つような包括的な視野を持たないのが普通ですから，限られた観点からそれぞれに複本を持とうとします。これに対して理想的な調整を断行するのは，大学理事会の考え方と決断以外にはないのです。【452節】

大学図書館の位置：調整と並行して，重複購入の回避から来る不便さを最小限に止めるため，大学理事会は建物の配置を慎重に考える必要があります。それは，全学部を図書館システム全体に近いところに置くことです。もし第二法則に留意し，さらに第四法則の考え方を加えると，大部分の研究室は中央図書館の周りに配置することになります。それができなければ，理事者は図書館の中に，他のものに優先して研究室とセミナー室を設けるという原則に従うべきです。【453節】

46　図書館主管当局の義務

州の周到な調整計画は必要ですが，それは資金や建物の援

助についてです。図書館サービスに生命を吹き込むのは地域の図書館主管当局の仕事です。その当局の義務は，(1) 本の選択，(2) 職員の選択の二つにまとめられます。

本の選択：その一つの側面は，すでに述べたとおり，地域の状況に応じることです。《いずれの人にもすべて，その人の本》を提供する図書館にとって最も理想的な方法は，すべての印刷物を集めることですが，その種類と量との膨大さを考えるとほとんど不可能です。それでも《いずれの人にもすべて，その人の求める本を》提供するためには，各図書館主管当局が，まず国内から始め，次に世界の図書館とも進んで協力し，収集分野の専門化を採用すべきなのです。【461節】

選択上の判断：実際，第二法則がそのメッセージの実現のために求めていることは，図書館の大きさではなく，そのコレクションの選び方にあるのです。図書館の財源はいつも不足するものですから，本の選択には多くの知識と判断が絶対に必要です。たくさんの部屋にいっぱいの本は，単なる本の山にすぎません。しかし特定の目的のために選択され，書架一段を埋める本は，図書館としての価値があります。よい総合図書館とは，無駄な重複をなくし，互いに他を強化し補充しあうように適切に調整された専門別コレクションの集合といえるでしょう。【462節】

参考図書の選択：もう一つの重要な側面は，多数の百科事典や専門事典，その他の参考図書に関することです。こういう本は普通高価で個人では買えず，しかも読者が求める多くの

情報が含まれているものです。参考図書のよいコレクションがあれば，《いずれの読者にもすべて，その人が考えるための材料を》（Every Reader His or Her *Material*）供給するという課題の大部分は解決するでしょう。インドにはブリタニカ百科事典さえも持たずに十数年を過ごした大図書館もあり，ほとんどの学校では児童用百科事典 *Book of Knowledge* の価値も必要性も認めてはいません。これでは第二法則の要求を最低限満たすことさえ困難です。【463節】

本の選択権限［選書のよりどころ］：第3のポイントは，読者を知り，彼らの要求を理解し，予測することです。これは利用者との生きた接触によってのみできることです。図書館主管当局が図書館長の意見を重んじなければならないのは，そのメンバーの中で館長だけが読者全体を観察し報告する立場にいるからです。しかしインドでは選書の権限を図書館主管当局の中の有力者が行使する危険があります。この人たちが本についての住民要求を理解するためには，第二法則が"every"という言葉を強調していることを深く心にとめなければならないのです。【464節】

図書館員を選ぶこと：次の課題は，館員を選ぶことです。図書館の《いずれの人にもすべて，その人が読むものを》提供するサービスの成否は，実にこのことにかかっています。すでに第1章で，すぐれた教育を受け，技術的に訓練され，適正な給料を受ける館員の必要性について詳説しました。ここではこの仕事に向いている館員が必要だということを補足しておきましょう。これは第四法則を討議するときに，より深

刻な問題として立ち現れることになります。【465 節】

十分に有能な館員：図書館主管当局が第二法則の考え方を実現しようとするのなら，次のことを認識しなければなりません。大部分の市民は，篤学者も知識人も含めて，図書館には何があるか，本から何を知ることができるか，自分が必要な本はどうしたら手に入るのか，それを知らないことが多いのです。図書館での本の探し方や参考図書の使い方を知らないために，何も得ることができず，そのまま帰ってしまう人たちをよく見かけます。そこで図書館主管当局がこうした事情を理解すれば，ものを調べるための道具としての本の利用法や，仕事場としての図書館の利用の仕方，それに限られた資料ではあっても，《いずれの読者にもすべて，その人が調べるための材料を》一人ひとりの読者に示す，十分に有能な館員の必要性を認めるようになると思います。【466 節】

47　図書館員の義務

　そこで図書館員のなすべき仕事について考えましょう。たとえ州政府と図書館主管当局とが第二法則に従ってその義務を果たしたとしても，図書館員がその義務を十分に果たさなければ，図書館が任務を果たしたことにはならないのです。ここでは図書館員の怠慢や無関心については言及しません。それらはすでに第 1 章に述べました。われわれは，図書館員としての義務感に燃えている熱心な職員に対して，第二法則が求めることについてだけを説明したいと思います[3]。

レファレンス・サービス：ここでは第二法則 "Every Person His or Her Book" の His or Her に重点を置いてその影響の跡をたどりましょう。これによってまず明らかになることは，図書館員の仕事は，単に請求された本をカウンター越しに「恩恵的に渡す」ことではないということです。この仕事は，読者を知り，本を知り，そして「みんなが自分の本を見つける」ようになるために積極的な援助なのです。この活動はレファレンス・サービスとして知られています[4)]。【471節】

読者を知る：図書館員が真っ先になすべきことは読者を知ることです。その重要性は第1章（175, 176, 177節）ですでに説明しましたし，第3章ではドイツの例（351節）を引いて，読者の心理学的基礎についての深い知識が必要であることを述べています。【472節】

専門的訓練：レファレンス・サービスは，専門的な訓練と経験の徹底的な蓄積なしにはできるものではありません。これはどんなに強調してもしすぎることはないのです。図書館について知識も経験もない人が図書館の管理職である場合，高等学校さえ卒業していれば，図書館で働くのに不自由はないと思うことがよくあります。それは，図書館の仕事を，単に本を機械的に渡すだけ，と考えるからです。そういう人に向かって，世界中どこの国にも図書館学校や図書館学の学位をとるコースがあり，ゲッチンゲン大学にも図書館学のコースがあると話したら，さぞ驚くことでしょう。さらに今日では，自分に適切な本を見つけようとする読者たち《Finding Their Books》のために，図書館が読書アドバイザーというポスト

を置いているといったら，もっと驚くに違いありません。

　そして「それはまるで学校のようだ。しかも成人ならば自分でやるべきことだ」というでしょう。これに対して西欧社会は「人は自分の胃で食物を消化しなければならないが，だからと言って，調理をし，ナイフやフォーク，スプーンを使うことまで拒否する理由はない」と答えるのです。【473節】

読書案内員の不足：その次に，図書館員は読者のために図書館にいるということを，深く理解しなければなりません。職員は「すべての読者が自分に適切な本を見つけるために」どんな援助が必要かを，常識の範囲内で知ることが必要です。それは読者の個人秘書とか，個人教授の教師の役をするのではありません。デトロイト市立図書館の例では，この仕事をする人は「教育カウンセラー」と呼ばれ，本の世界についてもっとよく知ろうとする読者とのインフォーマルな話合いをその仕事とします。教える立場の人ではなく「よいものを分かち合う人」であって，読者自身が本の世界に入っていって冒険をするのを喜んで聞く人です。また他の機関に招かれて行き，一般的あるいは特殊な話題について，知的探求と本のこととを語る仕事もします。【474節】

本を知る：一人ひとりの読者のための本，つまり第二法則によるHis or Her Bookの強調から，図書館員の義務が現れてきました。この義務が理想的に表現されたのが前節です。このように言うと，本と本のコレクションについて知るためには非常に広くかつ詳細な知識が必要になることがすぐにわかると思います。本についてはその背文字や本の形態，大きさ，

色,所在その他の特徴を憶えていることとかが役に立つこともありますが,それだけでは十分ではありません。それにそういうことは,本が図書館にたくさん入ってくると憶えてはいられないものです。

そこで**本を探すための本を知る**ことが必要になります。それは一般には知られていない,特別な種類の知識です。図書館にはあらゆる階層の人が来て,自分に必要な本についての援助を求めます。それは,天文学,土木技術,生活科学,採鉱冶金,植物学,栄養学,宗教学,行動心理学,統計学,港湾管理,選挙管理,鉱物学,古代生活誌,航空管制など,困ってしまうほどに多様です。そういう要求に応じて「すべての人が自分に適する本を見つける」ように援助し,図書館員としての職責を果たすのには,そのための道具となる本で,客観性と信頼度の高いものに援助を求める必要があるのです[5]。【475 節】

書誌:第一の道具は出版された書誌です。この言葉は混乱を招きやすいので,マレーの *New English Dictionary* の4番目の定義によって説明をしましょう。それは「ある特定の著者,印刷者または国の本のリスト,あるいは何か特定のテーマを扱った本のリスト,ある主題についての文献のリスト」のことをいいます。

今日,ほとんどの主題について書誌が出版されています。これは第二法則の成果の一つです。今日一般の単行書の中に選択的な書誌を含めるのは普通になってきましたが,そのほかに専門別書誌はもちろんのこと,きわめて広い範囲を持つ総合的書誌もいくつか出版されています。また,図書館に必

要な書誌の案内をする**書誌についての本**（「書誌の書誌」といわれる，a bibliography of bibliographies）も出ています。

　こうした書誌の**範囲と記述の構造**についてよく知ることを，第二法則は図書館員の義務としています。書誌の速やかな，かつ効果的な使い方に熟練するためには，実地に書誌について，体系的な研究と頻繁な利用とをする以外にはありません。また，書誌によってその内容の構成も違います。それが図書館員の仕事をますます困難にするのですが，しかしそれを知らないと，この本を探す道具を効果的に使うことができないのです[6]。【476節】

参考図書：図書館員がよく知らなければならないもう一つの「道具」は，地図帳，名簿，辞書・事典類，および年鑑など，問題に対する解決がすぐに得られる本です。読者はこういう本のことをよく知らない場合が多いのですが，図書館員がその特徴や使い方をよく知っていれば，第二法則の要求をかなり満たすことができ，読者を満足させる率も高くなると思われます。【477節】

目録：第二法則が図書館員に与える第3の義務は，目録についてです。本はほとんどが複合的な性質を持っていて，単一主題の本といえるものはほとんどないとさえいえましょう。1冊の本はその基本的主題を持っていますが，その中に他の補助的主題を含むのが普通だからです。そしてその補助的主題の方を読者が求める場合が少なくないのです。

　第二法則は，読者が探しているものを図書館の蔵書の中からできるだけ多く，すぐに見つけ出し，読者に提供すること

を図書館員の義務としています。その義務を果たすのには，目録の中に**分類分出記入**を十分に出し，主題間の相互参照をすることです。これは主題分析と呼ばれます。それが十分でないと，読者の求める本が書架上に並んでいても，多くの読者にサービスを提供できず，空しく帰すことになります。どんなに優秀な図書館員がいてもそうなのです[7]。【478節】

48 読者の義務

すでに述べたように，図書館が複本を十分に備えることは困難です。そこで《いずれの読者にもその人の求める本を》提供できるためには，読者それぞれが「図書館を使うのは自分一人ではない」と認識することが必要になります。第二法則はその読者の権利と特権ばかりでなく，他の人たちのそれをも守っているのです。そこで読者は，彼の利益が他の人によって守られているのと同様に，他の人たちの利益を守ることを考えなければならないのです。

図書館規則：いささかお説教めいたことを言いました。これは理屈では簡単に認めても実行は困難なのが普通です。そして外からの規制がなければ守りにくいのです。つまり，交通規則のようなもので，警官がいなければ規則を破りたくなるのと似ています。読者は図書館規則が厳格に施行されると，本人に対する妨害と感じることがありますが，これは各個人への援助のためと考えて，快く従うべきものです。【481節】

貸出冊数：貸出冊数の上限が定められていることに，利用者

はしばしば反対の声をあげます。この上限には，3冊，6冊，8冊あるいはそれ以上などいろいろですが，どう決めても不満は残るでしょう。第二法則は，図書館がいったん決めたら，それに従うことを期待しています。

　ある図書館で読者の一人が冊数制限よりも1冊多く借出しているので，図書館員は丁重に1冊の返却を申し入れました。その返事は，「図書館の規則が厳しすぎ，まるで税務署の督促のようだ。しかし図書館からの申し入れに従って本は返却する」というものでした。職員は最後の1行に謝意を表し，他の文は書かれなかったものとして処理したといいます。

　図書館は，**個人の読者にとって不便でなく，みんなの利益になる**ように規則を定め，冊数制限をしています。これは，誰かが借出していったために，他の人が読めなくなることを極力少なくするためなのです。【482節】

貸出期限：図書館の大きな悩みは，返却期間についての規則でしょう。世界中の図書館は，罰則がないと期限は守られないことを知っています。この対策としてよく使われるのは罰金です。これを収入と見るべきではありません。図書館は読者が罰金を払わなくて済むように，できるだけの努力をしています。貸出期限表に日付を捺すこと，延滞の場合は返却されるまで督促状を送ることなどがその努力の例です。

　この罰金は**特権に対する支払ではありません**。期限を過ぎたら延滞料を払えばよいという人がいますが，次にその本を読もうとして待つ人の迷惑を考えると，市民として無責任だといわなければなりません。

　これは，**弁解をすればよいという問題ではない**のです。罰

金（Fine）という言葉に怒る人は，自分は犯罪人ではないといいます。そこで延滞料（Overdue Charge）と呼んでいます。こういう人はいろいろと弁明しますが，実際のところは延滞によって他人の利用を妨げているのです。【483 節】

禁帯出の範囲：経験上必要になったもう一つの規則があります。参考図書，手に入らない貴重書，重くて持ち運びが不便な大型本，また別刷り図版が多く，もろくて破れやすい美術本などは，貸出をせず，館内での閲覧を求めています。辞書・事典類，商工録，年鑑その他で，読み通すためというよりは誰もが随時参照し，利用頻度も高く，一日中利用されるものにもこの規則が適用されます。第二法則が《すべての読者に，参考図書を利用する機会を》提供することを熱望していることを読者が知れば，借出した本を利用せずに自分の書斎に置いたままにしておくことが，どれほど反社会的な行為であるか，よく理解されることと思います[8]。【484 節】

美術本：本としてデリケートな形をしていて，高価で 2 冊とは買えません。第二法則はこれらの本が注意深く保存され，図書館内だけで利用され，その寿命を延ばし《すべての読者に，利用の機会を》提供することを望んでいます。もし読者が館内閲覧のコストと，貸出による資料の欠損や亡失の危険性とを考え，同じ立場の他の読者のことを考える善意があれば，貸出規則の意味を理解してくれるでしょう。【485 節】

定期刊行物：貸出に関してすべての図書館が厳重な制限を設けている重要な資料の一つです。その最新号はそれぞれの分

野での最新情報を示す唯一のものであり，読者の関心は高いのです。一方，図書館に置くよりも自分の机上に置く方が有効だと考える人がいます。これに対する反論は容易ではありません。そこで第二法則は次のように語りかけます。

> 評判の小説はみんなが見たがるものです。その雑誌を自宅の快適なソファの上で読むという楽しみを少し犠牲にして，図書館をコミュニティ・センターとして使う習慣を身につけましょう。週に2～3回図書館に出かけて，多様な種類の雑誌を，他人の機会を奪うことなしに楽しむことにしようではありませんか。

雑誌を人の目に触れさせず，自分の机上に放置しておくという反社会的習慣と，それを弁明したり正当化したりするのは専門カレッジや大学において最も顕著です。第二法則はその人たちが新しい習慣を身につけるように求め，**事態の側面**を示唆します。それは学生や他の読者たちがいることを考えよう，ということです。この人たちは声を上げないかもしれませんが，しかしその雑誌を見たいという意欲においては劣らない人びとなのです[9]。【486節】

特例の要求：利用時間や貸出期間，延滞料，参考図書や雑誌の館内利用の規定に違反する視野の狭い人びとへの対応はそれほど困難ではありません。彼らは自分たちの不満をあからさまに言うからです。しかしもっと手に負えない読者は，規則とその順守との必要性は認めながらも，地位や役職を言いたてて，自分だけは特別扱いせよ，といいます。こういう人は扱いにくいのです。常に特別扱いをされることを幸せと感じる人が世の中にはいるものです。

こういう例は無限に増えるでしょう。これに対して第二法則が特例を認めるのは，読者の社会的地位や官職，特別扱いへの強い関心などによるのではありません。特例を完全かつ誠実に生かす能力を持つかどうかです。そこで**特例の基準**として第二法則が読者に求める義務は，図書館規則順守に最善を尽くすこと，その上で控えめに，その特権がなければ読者としての要求を満たすことが絶対にできない，というときだけのことです[10]。【487節】

注
1） **納税者としては**：税額の少ない方を喜ぶのが当然で，新たに図書館税を徴収されることを喜ぶはずはないのです。しかし図書館があることで「自分の本を見つける」という大きな喜びを得た読者は，それによって自分の少額の負担がこの結果を生んだことを理解し，それ以上の大きな負担をしないですむことを喜ぶでしょう。また図書館はそういう納税者の気持ちも考えて運営すべきです。この考えはこの後の「関係閣僚会議」（418節）の中での第二法則の発言にも示されています。また，ここで「最初のひと押し」というのは，この前の文にいう「教育政策上の大胆な一歩」つまり図書館政策の確立と実施を意味します。
2） **図書館への無理解**：ランガナタン自身も，図書館について理解を持たない読者や図書館管理者，政府の役人のためにさんざん苦労をしました。図書館から本を借りて帰る途中で大雨に会い，本を傘の代わりに頭にかざして帰る読者も少なくなかったといいます。南の国の雨の激しさでは，本はたちまち壊れます。それがあまりに多いので，そういう本の葬儀を公開で行った，と別な著作の中で書いています。さまざまな経験の中で，図書館員は読者の中に図書館への好意的な世論を築く努力をしてきたのです。
　今日の国際会議でも，行政や議会の人たちは図書館に理解がないと各国の図書館員が言います。それはランガナタンのころから

ずっと続いていることで，その条件のもとで「反対の緩和」が育つ，と彼は主張しています。われわれにとって大事な言葉です。
3) **図書館員への期待**：1970年代，日本各地で公立図書館の充実運動が起こり，図書館員に対する住民の期待が高まりました。それは「本を知り，住民を知り，それを結びつけることに熱意を持つ人」と表現されました。そしてそういう要求に応えようとして努力を続けた図書館員によって，今日の日本の公立図書館や学校図書館，学術図書館があります。そのころの人たちはもう退職の時期を迎えましたが，その志を継いで，静かな情熱を燃やしている人たちがいます。また一方では各地で図書館のことを真剣に考える市民から「図書館員は，この仕事をする人としての志を持ってもらいたい」という声を聞きます。そう言われなければならない厳しい現実があるのです。
4) **レファレンス・サービス**：ここでランガナタンがいうことと，日本の図書館で普通に理解しているのとは，同じでしょうか。日本では，質問の受け答えとその分析，次の質問への準備，というイメージが強いのではありませんか。ランガナタンは本の選択・収集，目録，分類，そしてレファレンス・サービスと貸出という仕事を並列的にとらえているのではなく，重層的に考えていると思います。レファレンス・サービスは図書館のすべての仕事を総合して，一人の利用者のために働く仕事だ，というのです。
5) **書誌という「地図」**：1848年，米国の図書館員プール（William Frederic Poole, 1821-1894）が初めて雑誌記事索引の初版を出したとき，その教師からこの言葉を贈られました。He who knows where knowledge dwells, has it within his reach.（原文ラテン語）。また1960年代の図書館界の指導者の一人であったルイス・ショアーズ博士は学生時代，The half of knowledge is knowing where to find it. という言葉に出会い，この「半分の世界」を極めようと図書館学を学んだといいます。この両方ともに，ランガナタンのいう「本を探すために道具となる本」，つまり本の世界の地図を持つことの重要さを言っています。その実例の説明は以下に続きます。
6) **書誌と書誌学**：書誌はここでいうように「本や論文のリスト」

です。これは書誌学とよく混同されます。両方とも「本についての知識」だからですが，書誌学は，本の形態面を研究から入って，その本がどういう本であるかを明らかにする学問です。書誌学を研究するためには優れた書誌が重要な働きをしますし，書誌学の研究成果に基づいて書誌がつくられるという関係にあります。

7) **日本の図書館の目録**：ランガナタンの主張する分類分出記入は，ごくわずかの図書館では実行されていました。しかし大多数の日本の図書館は，分類目録といえば，1冊の本に対して，1枚のカード（記入）しか作ってきませんでした。それは日本の図書館の貧しさのゆえでした。今は機械技術の導入でずいぶん変わりましたが，読者の立場に立って本を探すことと，読者が自分で探せるように援助を提供することでは，まだまだ貧しさが続いているように思います。

8) **禁帯出**：今日，一夜貸出，複本の貸出などの便法があります。禁帯出という言葉は，もともと明治時代に図書館が利用者に対して「帯出ヲ禁ズ」といったころから続いている言葉かと思います。図書館員としてはむしろ「どうぞ館内でご覧ください」という意味の「館内」というラベルの方がよいのではないでしょうか。このラベルが商品化されたのは1960年代のことと記憶しています。

9) **定期刊行物を中心館に**：これは特に大学図書館の悩みです。学術雑誌を学部図書館に集中する方針をとったのは，1960年，東京大学医学部においてでした。この年，医学図書館を中核とする医学部中央館を設置し，学部図書館副館長に教育学部の裏田武夫助教授（図書館学担当）を併任，新しい図書館の考え方を実行に移したのです。医学雑誌の集中は最初批判を受けましたが，やがて定着しました。

10) **特例の基準**：ここでのランガナタンの考えは，各地の図書館の館則の一項目の解釈に，指針となるのではないでしょうか。よく，「館長の許可を得たもの」という条項がありますが，どういう人の利用を，どういう条件で館長が許可するのか，その基準を示唆してくれるものと思います。ご検討下さい。

第5章　第三法則
《いずれの本にもすべて, その読者を》
Every Book Its Reader.

　第三法則は, 本が主体です。五法則は各法則が人格を持ち, 主張を持ってその実現に努力するという書き方をしていますが, ここではそれをさらに進めて, 本そのものが擬人化されています。つまり「本」とは個性を持ち, それによって人に働きかける存在と見るのです。第二法則では読者から見る「本」でした。そこでこの両面から見ることで「本」に対する見方をより深めることができると思います。

　「本」自身が個性を明らかにして, 読者を見つけるためには, 本にとって働きやすい環境がなければなりません。それによって第一法則の主張を実現することができるのです。それにはまず, 本自身が直接読者に接することができる「開架制」をとることと, 本の分類順排架をすることです。さらに, それだけでは見えない本の内容を知らせるのが目録の中の分出記入であり, それを助ける人間の仕事がレファレンス・サービスです。「生まれたばかりの新しい本」が読者に語りかけるための場としては, 新着書架や雑誌架があります。その上に広報によって「本」が読者を待つことを知らせますし, 住民にとって図書館とはこういうところ, と知らせるのが普及サービスです。こうして第三法則の実現が図られます。その基礎として, 読者を見つけるだけの個性を持った「本」を選んで図書館に備える仕事, つまり選書の要件が語られます。

　このような第三法則の活動に対して, 図書館主管当局はなかなか理解を示さないものです。反対あるいは無視という反応ばかりかもしれません。図書館員はすべての本を活動させるために働いている

のですが，それを管理者たちは知らないし，知ろうともしない。その上に経費の不足を言いたてて改善の努力を怠ることさえあるのです。一方，館員自身の無関心あるいは自覚の不足も認めなければなりませんが。

この章の終わりにある第8章からの補足部分には，第三法則のその後の発展が示されています。経済現象は常に大きく変化しますが，それを探求する研究組織を支えるのは，的確な図書館サービスです。その考え方と技術がドキュメンテーションとして発展してきました。その実行のためには，従来1冊の本，1号分の雑誌をサービス単位とした考えを改め，雑誌の中の1論文，本の中の1章あるいは1パラグラフを単位とすることを提唱し，それが新しい第三法則の進むべき道だと主張するのです。

なお本章では，開架制と分類順排架など，日本で50年にわたって実施されている方法が説明されています。その部分は，ランガナタンの基本的な考え方だけを残して，具体的な説明は省きました。

50　この法則の性格と表現

第三法則は，本の側から図書館をみる点で第一法則に似ていますし，第二法則を補足するものでもあります。第二法則は，《いずれの人にも適切な本を》見つけることにかかわりましたが，第三法則は《いずれの本にもその本にふさわしい読者があるべきだ》と主張するからです。そこで第三法則は《いずれの本にもすべて，その読者を》と表現されます。

比較：第一法則は，図書館に対する今までの見方を変えました。第三法則はその変革をできるだけ徹底させようとします。その実現は，第二法則と同様，決して容易ではありません。

そこで本章はその実現のためのさまざまな方法を説明します。【501節】

その方法：「図書館にはできるだけ少数の本を置けばよい」という皮肉な発言をする人がいますが，これは第二法則がすでに示した広汎な要求とは一致しません。またそれが第五法則とも一致しないことは，第7章で明らかにされます。第三法則を満足させるための最もすぐれた手段は「開架制」です。さらに，書架上への本の並べ方（排架法），目録記入，レファレンス・サービス，一般に関心の高い新聞・雑誌や新着図書などの公開，広報，図書館普及活動などがあります。【502節】

51　開架制

このシステムは，個人蔵書と同様，自由に図書館の本を見たり調べたりする機会を利用者に提供します。閉架式（書庫出納式）から開架制への変化を経験した人びとは，このシステムが第三法則の実現のためにどんなに強力かを実感したことでしょう。そしてどの図書館でも貸出冊数が増加しました。もっと大事なことは，読者が本を自分で見つけるようになったことです。「ここにこの本があるなんて，知らなかった！」という声が聞かれない日はありません。この本を手にとってみるということで，自分の探していたものを自分で探すという喜びが得られるのです。【511-512節】

商店との類似：第三法則を重視するのであれば，開架制をとるのが合理的です。そうしないのは，商品を頑丈な戸棚にし

まい込んで，なおそれを売ろうとする商店と同じです。本来商店では商品の一つ一つが顧客の手にわたり，すべての商品に買い手を見つけようとするのが当然です。だから人びとに店内で自由にさせるのと同様に，書架上の本1冊ごとに読者を見つけるようにするのです[1]。【513節】

開架制の沿革：なぜ開架制が生まれたかといえば，読者の大多数は，自分が求めているものが何かよくわかっていないことと，読者が注意深く構成された本のコレクションを見て歩き，本を手にとって見て，自分が何を必要としているかがだんだんにわかってくる，そのことに図書館員が気づいたからです。英国では1910年代にこのことがやっと認識されましたが，米国では英国よりも早く第三法則が影響し，19世紀末には導入されています[2]。【514節】

長い目で損失と盗難とを：図書館主管当局には，本がなくなることを気にするよりも，図書館の利用が大きく増加したことに目を向けてもらいたいものです。実際にそれほどなくなるわけではありません。米国のイノック・プラット図書館での詳細な統計によれば，年間貸出冊数10,000冊に対して亡失は17冊（0.17％）で，英国でも同様といいます。本の盗難はたいてい故意か常習者など限られた人の仕事で，地域の人全部が本を持っていってしまうわけではありません。年に200～300冊の亡失本の価格はおそらく150ドル程度で，それほど多額とは言えません。図書館の助手を1人か2人雇うほどの額でしかないのです。本をたやすく利用できるという大きな長所に比べれば，その損失は取り上げるほどのもので

はない，といえましょう。

インド南部のような**熱帯地方**に住む人びとにとっては，本の亡失と盗難防止の費用よりも，紙の劣化と害虫による損害の方がもっと多額なのです。【515-517 節】

52　本の排架法

開架制が第三法則を満足させるかどうかは，書架上にどう本を並べるかによります。本の大きさや著者名の音順（文学を除く）で並べるのは，本の背の色の同じものを1か所に集めるのと同様，無定見なやり方です。普通は利用者が何を求めるかを基準とします。それは本が扱っているテーマ（主題）です。したがって，本を読者が見つけやすくするためには，本は主題別に排架されなければならないのです。

分類別排架：第三法則が勧めるやり方は，主題に基づいて理路整然とした分類別排架をすることです。たとえば交流電気の本が電気工学の本のすぐ近くに何冊もまとまっていたら，著者名の ABC 順で並んでいる数万冊の本の中にあるよりも，読者が見つける機会は多いはずです。【521 節】

新着書架：読者の関心を引くのは主題だけではありません。心理学者は，「新しさ」もその一つだといいます。第三法則はこの「新しさ」を十分に活かして排架せよ，といいます。そこで新着書架を置くことが普通になりました。ここからの貸出は多く，この書架がすぐにからになってしまうのです。第三法則の実現を常に望んでいる今日の図書館員にとって，新

着書架は一番うれしい書架なのです。【522節】

再配置：これは本を書架上に並べるのに，目新しさを持ち込むことです。本が利用者を見つけるのを援助する方法として有効です。書架上で本の置き方を変えると，本と人との新しい関係をつくるのに役立つのです[3]。【523節】

ショウ・ケース：閲覧室や書庫のそばで，人目を惹く場所にショウ・ケースを置き，適切なキャッチフレーズをつけておきます。たとえば，「ちょっと覗いてみては？」「今こそ必要な本」「最近紹介された面白い本」「ずっと忘れられながら，今でも役に立つ本」など。【524節】

読者の目が届くように：本が読者を獲得するために決定的に重要な条件は，読者によく見え，手にとりやすいことです。そういう本はよく利用されます。そこで2メートル以上の高さの書架は，第三法則に対する公然たる挑戦といえましょう。書架の棚は，普通の背の高さの人がたやすく届く高さにしなければなりません。また棚板の奥行きが深すぎると，本を2列に排架したくなりますが，これは利用者にとってたいへん不便です[4]。【525節】

53　目録

　排架法だけでは《いずれの本もすべて，その読者を》という第三法則の実現には不十分であって，目録が果たす役割もまた，想像以上に大きいものです。読者が書架上で見過ごし

てしまう本でも，目録で発見できるからです。

叢書名から探す：目録は著者名や書名から探すだけでなく，第三法則の主張の実現に必要な働きをします。それは叢書名記入と主題分出記入（分類分出あるいは副分類）です。叢書にはいろいろな主題の単行書が収められている場合が多いのですが，その一例としてここでは *Home University Library Series* を取り上げてみましょう。この叢書の中に含まれる単行書の著者はその主題の専門家として著名ですが，その本自体は一般の読者向けのものが多いのです。読者が著者名から探してこの本の記入を見つけると，著者名から専門書だと考え，その本を敬遠する場合が出てきます。一方，専門家は一般書だと見なしてこの本を手にしません。そこでこの本は結局読者を見つけることができないのです。しかし叢書名から探し出せるのであれば，少なくとも一般読者は興味を持ってこの本に接すると思います。このように，単行本としてではなく，著名な叢書の中に収められている本で読者の要求を満足させる方法はほかにもあるとは思いますが，十分な叢書名記入を持つ目録は，《いずれの本にもその読者を》を実現するための大きな力だといえるでしょう。【532 節】（531 節は省略）

分類分出記入：これはより効果的なサービスで，分類目録の中に組み込まれています。書架の上の本はその分類記号によって並んでいますが，その記号は一つの本に一つです。ところが本というものは，1 冊の中にいくつもの主題を持っています。そのそれぞれの部分について分類記号を与え，その記入をつくり，できれば記載ページを示して，分類目録の中に

組み込むのです。そうするとこの本は書架上の所在を示す分類記号のほかに，複数の分類番号を持ち，それぞれの主題から探すことができるようになります。たとえばある政治評論集に対して10枚の分類分出記入をつくったところ，この本がよく利用されるようになりました。団体出版物で，その団体の名前から内容がきわめて高度なものとして敬遠されていた本も，分出記入をつくることで，第二法則が困るほどに頻繁に利用されるようになりました。個人全集の内容の分出も重要です。また，一般向けの叢書の内容の分出記入をつくったところ，そのテーマに惹かれて読者が増えた例もありました。【533節】

目録係員：このように，分出記入は本の利用を進める上で重要です。そこで第三法則は図書館主管当局に，この仕事に必要な職員を増やすよう要求し，緊縮財政や予算の少なさを理由にこれを否決しないように，強く働きかけてきました。この問題は，第四法則においてもう一度取り上げます。要するに，図書館主管当局が第三法則を信頼するのであれば，分出記入をつくらなければならず，そのための館員を配置しなければならないのです。【534節】

54　レファレンス・サービス

　開架制，分類排架，分出記入は《いずれの本もすべて，その読者を》見出すための三つの条件ですが，こうした「ものによる手段」だけでは不十分です。さらに読者と本とを結びつけることが必要になってきます。

本を読者に勧める人：図書館の本と読者とを結びつけるためには，ものを使っての無機的な仕組みを十分につくるべきですが，それによって人によるサービスがいらないわけではありません。第三法則の要求は，その無機的な仕組みを越えたところを目指しています。それは常に「本と人とを結びつける」ための人の働きを要求します。目録の使い方や本の選び方について読者を援助するために，一定数の館員をぜひとも配置すべきなのです。彼らの仕事は，読者に対して本の説明をし，本を読者に勧めることです。それはレファレンス・サービスと呼ばれ，第三法則の目標を実現するために，近代図書館が採用した効果的な手段の一つなのです。【541節】

読者との接触：レファレンス部門の仕事は，大きな旅行業者のそれに似ています。彼らは人が行きたいと思う新しい場所の資料を集め，フォルダーに入れて顧客に渡し，そこに行ってみようという気にさせます。レファレンス・ライブラリアンの仕事もそれと似ています。この係員は，次々と訪れる読者たちに触れるという得難い機会を持っていて，読者の思考，志望，行動，反応，好悪の対象などを観察する機会を与えられています。この直接の接触の結果，経験豊富なレファレンス・ライブラリアンは直観的に読者と本とを結びつけ，また，本からは適切な読者についての示唆を得ることができるのです。彼は読者の実態に関心を持ち，1冊1冊の本のために，読者を見つける機会を待ち続けています。【542節】

万華鏡：すぐれたレファレンス・ライブラリアンの手にかかると，図書館はまるで万華鏡そのものになります。彼の熟練

した能力によって，図書館の持つさまざまな面が回転し，すべてが見えるようになり，またそれぞれの面が読者を惹きつけるのです。第三法則は，こういうサービスをレファレンス・スタッフに求めているのです[5]。【543節】

戸別調査：米国では，第三法則の主張を実現するために，各家庭の人数や職業，読書の興味の有無，図書館への登録の有無などを調査する図書館があります。そのカードのファイルからは，その地域の住民の社会生活と知的関心との状況を知ることができるのです。この中から読者になりそうな人を見つけ，実際の読者にすることが，レファレンス・スタッフの仕事になっています。【544節】

55　図書館サービスの入口—新聞雑誌室

どうしたら潜在的な読者を実際の読者に変えることができるでしょうか。その第一段階はこの人たちを図書館に招き寄せることです。それには新聞雑誌室を設けるのがよいでしょう。大きなスペースをとりますが，この目的のためには広さが必要です。雑誌室は閲覧室よりも混み，新聞室はもっと混むからです。図書館員は時々ここに出かけて，読者と話をし，興味を示す人には書架室や閲覧室の見学を勧めます。それがきっかけになって，書架上や閲覧室の本が読者を見つけることになるのです。今日的なニュースを求める人の期待にも応え，それによって《いずれの本も，その読者を持つ》機会を増やします。

確率の法則：図書館に来る人の増加につれて《いずれの本も，その読者を見つける，Every Book Getting Its Reader》機会が増えます。つまり第三法則は，確率の法則によっているといえましょう。この主張が認められれば，当然の帰結として，図書館は世の中で使われている宣伝方法のすべてを採用せざるを得ないことになります[6]。【551 節】

56　広報

　第三法則の主張を別にしても，図書館は広報を必要とします。図書館は充実発展しているのに，図書館に何が起こっているのか，市民は何も知らないことが多いからです。図書館のサービスがどんなに広い範囲にわたっているか，どこまで深く資料を集めているかなどを語ると，市民はいつも驚きます。これは図書館長が提供するサービスがまだ地域全体に広がっていないことを示します。商社にとって広報が大事なのと同様に，公立図書館にとっても広報は必要なのです。

その価値：米国のある図書館長は「広報とは世論に影響を与える技術」といい，商社が広報にかける経費の大きさを紹介しています。図書館でも同じはずですが，図書館員は多くの場合，その重要性に気づかず，そのための経費も持ちません。今日，どの図書館もみんな広報に時間と思考とを費やすべきであり，新聞，映画，ラジオなどの協力も得られるのです。【561 節】

ALA 宣伝広報円卓会議：図書館の広報は現在，宣伝技術の

一専門分野となり，本も出版されています。米国ではALAに宣伝・広報委員会があり，専任担当者を置き，年次大会ごとに「宣伝・広報円卓会議」を開きます。その基本方針は「州全域への広報」で，その成果も発表されています。【562節】

全般的な広報：図書館の広報には，全般的なものと個々の図書館が行うものとがあります。全般的な方法とは，たとえば「もっと果物を食べよう！」とか，「もっとカダール織りを買おう！」というように，特定の果物商や織物業者のことを言わずに行うタイプです。図書館界では，次の諸点を強調することになりましょう。

(1) 本と読書の価値：他の印刷物に比べて，本は意見や情報，インスピレーション，教育等の点ですぐれている。
(2) 図書館は税金で維持・運営される公共の施設である。
(3) レファレンス・サービスや生涯学習，その他知られていない面を含めて，広範で活発なサービスがある。
(4) 図書館を考えるための標準的データ：たとえば市民一人当たりの貸出冊数や蔵書冊数などを提供する。

このような全般的広報の中心となる機関は，たとえばマドラス図書館協会とか，あるいは州の公立図書館局（もしあれば）です。継続的な広報の**媒体**としては，新聞紙上への広告，雑誌記事，ラジオでのトーク番組，公開講演，巡回宣伝，人目を引く看板，リーフレットや案内書の無料配布などによって実施します。日本図書館協会は11月に図書館週間を設けています[7]。【563節】

個々の図書館での広報：図書館はそれぞれ，自館のサービス

が市民に普及しているかどうかを確かめなければなりません。大図書館では広報担当職員を置きますが，もしいなければ館長の仕事です。それは潜在読者を真の読者とすることを目的とするからです。その結果利用者が増え，第三法則の実現の機会も増えます。その基本原則は，継続性，多様性，新奇さ，明快さおよび個人への働きかけです。

　図書館にとって最も利用しやすい媒体は**新聞**でしょう。常に地域の新聞と連絡をとり，新聞記事としての文体や長さ，定期性，その他に精通していて，原稿がそのまま記事となるのが望ましいのです。テーマは，最近の新着図書，読者や貸出の統計，週あるいは月のうちの特定の日の利用状況などです。毎月1日の夕刊に図書館の記事が出ると，2日か3日の来館者が増えます。このほか，図書館の貸出方法や本の並べ方，開館時間などの変更，特別コレクションとしての寄贈書の紹介，市民のための設備の改善，展覧会や集会，催し物のための書誌の発行，館員の寄稿や他館の動向などが，市民の好奇心に語りかけ，図書館への関心を高めるのです。

　1枚もののチラシを自館で印刷して配布する方法もあります。新着図書，特殊な書誌，サービス方法の変化，レファレンス・スタッフによる「一人」へのサービスの紹介記事，その他のお知らせなどを，図書館に登録している人にも，これからの人にも配布します。これは図書館が自分で企画し編集する仕事です。そして館員が資料のことをよく知っていることを伝えることにもなります。これを保存しておくと，将来の図書館案内の編集に役立ちます。

　図書館報をはじめとする図書館案内や報告などの定期刊行物は，経費はかかりますが効果的です。その目的は：

ⓐ　公共の施設としての図書館に市民の関心を向ける。
ⓑ　図書館のすべての活動や設備について知らせる。
ⓒ　市民の現在の好みや関心と本とを結びつける。
ⓓ　読者が以前に借りた本と新しいテーマを結びつける。
ⓔ　新しい関心を呼び起こす。
ⓕ　知りたいことを本によって次々と調べていく方法を読者に提供し続ける。
ⓖ　職業教育やその他の教育を受けたり，教養を深めたりすることを，魅力的かつおだやかに後押しをする。

　定期刊行物として出版する場合は，新着本の解題書誌，関心をよぶ時事問題の本，さまざまな図書館活動の説明や地域の興味を惹くテーマで図書館に関係がありそうなことを掲載します。これは無料で配布しますが，広告を募らない限り一図書館には経費的負担が大きすぎるでしょう。

　ショウ・ウインドウでの展示も図書館の広報手段です。展示資料を注意深く選ぶことで，今まで書架から動けなかった本が読者を見つけることもあります。**ラジオ**もまた図書館の広報に使われます。図書館が単独で，あるいは州内の他の図書館と協力して，本や雑誌の紹介，本と著者についての話などを毎週15分ずつ放送し，聴取者から歓迎される例もあります。大きな効果がありますが，検討課題も残っています。

　広報宣伝には**ポスター**も使います。図書館で使えない宣伝媒体は何もないといってよいでしょう。マーケッティングの手法によるものとしては，年に一度の州の農業見本市に郡内の図書館の地図を展示，さらにその図書館システムの説明を団扇に印刷・配布し，まだ図書館を持たない郡の人たちに強い印象を与えた米国の例もあります。

広報の最も単純で費用のいらない方法は，**読者との直接の対話**です。集会の場で読者に語りかける個性と能力とを持つ図書館員が一人二人いれば，潜在的読者に語りかけ，図書館の常連にすることができるでしょう。このとき，長い間話し込んだり，話題が抽象的すぎたりしてはいけません。図書館について少し話した後は，そこに集まる人たちに，図書館として何ができるのか，具体的な話題に入るべきです。熱心のあまりにサービスの話を広げすぎると，第三法則の働きを妨げることになります。こうした個人への働きかけの努力の結果，マドラス大学では図書館の利用が増加しました。その後は要員の不足のために広報活動は中止せざるを得ませんでしたが，いずれ復活するつもりでいます。【564節】

57　普及サービス

　上述した広報活動とは別に，図書館の普及活動という新しい仕事があります。本と人とを結びつけることによって，図書館を読書奨励のための地域センターとするのです。これは第三法則が高く評価し，熱意を傾ける仕事です。

識字力を持たない人への読み聞かせ：今日のインドの緊急課題は，図書館が読書システムの機関として働くことです。識字力を持たない成人たちが図書館の利益を享受できる唯一の機会が読み聞かせなのです。これは図書館サービスの一環として，朗読の専門家あるいは社会奉仕に熱心な人たちによって行われます。これによってインドの成人教育上の問題の一つが確実に解決されるのです。本書338節では，第一次世界

大戦後のロシアでの実例をあげておきました。【571節】

翻訳文を手書きで：南インドの言葉で書かれた現代的な本が少なく，そのため読み聞かせのサービスをさらに強化しなければなりません。字の読めない人が本に関心を持つようになるのは，日常の仕事に役立つ知識の読み聞かせから始まります。そういう本は地域の言葉では出版されないので，英語の本を翻訳して読み聞かせるのが図書館の仕事になります。地域で英語のできる人を見つけて，図書館が年に 1 〜 2 冊，この種の本をつくり，他の図書館と定期的に交換し，知識の範囲をだんだんに広げるのです。大学出版局のように営利を目的としない出版者があればよいのですが，なくてもこれは「供給が需要を生み出す」唯一の方法として，商業出版社の関心を惹くことができるでしょう。図書館の仕事としては，この言語（タミル語など）での出版事業が成立するまでの一時的サービスですが。【572節】

読書サークル：読書クラブを結成するのには，まず共通の関心を持つ人たちが図書館に集まり，1 グループに一人のリーダーと 2 人から 5 人の仲間とでサークルをつくります。図書館は本や雑誌を供給し，小さな集会室を提供します。このサークルは，会員の興味の展開に応じて図書館の蔵書を利用しますから，第三法則は大きな満足を得ることになるのです。【573節】

知的センター：図書館のような機関が地域に根差すのには，サービスを提供する人とされる人との間に，心の通い合いと

相互援助，それに人のために働くという気持の育成が必要になります。そのため図書館は，堅苦しさを最小限に止め，誰もがくつろいでいられるように努力します。近代的図書館はそこからの自然な発展として，個人的および社会的サービスだけでなく，地域の集会に場所を提供することが多くなりました。それは，その読者たちが市民の中心的な存在となることを期待し，図書館がその地域の知的センターとして働くことを望むからです。またこの種の会合は，第三法則の実現の機会を提供してくれます。英国の小さな町では，趣味の会や教育問題，職業団体，教会関係など，生活のあらゆる面にわたる集会が図書館で行われるという例があります。【574節】

図書館主催講演会：図書館が企画し，館内で行う公開講演会も広く行われています。近代的図書館は，広い講堂と演壇，スライドや映画の映写装置その他の設備を備えています。図書館は地域の団体がこの施設を使うことを歓迎しますが，図書館が企画して館員や外部の専門家の講演会も行います。その場合は，この日の主題についての本のリストをつくり，それを配布することを前もって市民に知らせておくのです。それが参加者にとっては話の参考にもなり，またその中の本を借りて帰ることもできます。話の主題は偏ることなく，現代の話題や考え方を広く取り入れるようにし，スライドや映画を使って効果をあげます。

　南インドの音楽と語りで構成する伝統芸術**カラークシェーパム**は，図書館拡張サービスの大きな力になることができます。しかし伝統の束縛から脱却する配慮もまた必要です。図書館での**音楽会**も，第三法則が楽譜を使う人を見つける機会

になります。【575節】

図書館での本の展示：講演会の内容にかかわる本の展示もよく行われます。会場に近いホールに展示をして，会の終了後に参加者が見るようにします。講演会場に本を展示する場合は注意深く排架し，説明用の目を惹くプレートを付けておきます。館員がそばにいて，興味を示す人がいれば帯出を勧めます。躊躇する人には，登録していなくても特別貸出をすることと，2週間以内に返却すればよいこととを伝えます。その人が本を自宅で開くと，「あなたはこの図書館の維持費を税金によって支払っています。どうぞご利用ください」と書いた図書館案内が見つかります。こうして貸出された本が返ってこないことはまずないといわれています[8]。【576節】

お話の時間：地域の子どもと図書館とを結びつけることが目的です。アマチュア劇団による演劇の上演もよく行われますが，この時間の目的が第三法則の実現のためであることを忘れないようにしましょう。【577節】

祭りと催し：地域のお祭りや祝日，著名な人物の記念日，収穫祭には人がたくさん出ます。そこに図書館が参加することは，第三法則の考え方の実現に大きな力となります。【578節】

58　本の選択

　本の選択については，第二法則と財政とのかかわりを論じたときに，少し違う観点から考察しました（461-464節）。こ

の問題を第三法則の要求を満たす手段の一つとして考えると，その最大の要点は，その図書館にいつも来る人たちの好みと必要性とを大切にすることにあります。それを知るための手がかりは：

1. 読者から直接受けるヒント。
2. 即答できた質問の記録から得られたヒント。
3. 参考係司書が勤務中に記録した毎日のメモ。
4. 地域住民の主な職業。
5. 国や地域にとって大切な，予測される行事。
6. 地域の指導的な立場の人たちとの面談から得た印象。

無定見な選択：選書についてこのように住民の潜在的要求を重んじ，十分に考慮していれば，第三法則の実現に困難はありません。しかしそれは，図書館が利用者の要求に無条件で従うということではありません。図書館には，読者の読書趣味が健全な方向に向かうように，着実かつ意識的な努力をする責任があるのです。第三法則は各館の選択方針に異議を唱えることはありませんが，しかし無計画な選択に対しては抗議します。それは現在と未来とにわたる読者の要求について，無関心であってはならないからです。選書は，毎日毎日，読者の要求と出版界の進展，そして予算額を考え合わせながら進めるべき重要な仕事なのです。【581節】

83 第三法則とドキュメンテーション
[第8章からの補足]

第三法則に対する最大の批判は，今日の社会経済的条件の

中に《いずれの本にもすべて，その読者を》を実現しようとする点に向けられていると思います。しかし経済界に図書館サービスが進出することによって，図書館という仕事の急速な発展が生まれることになるでしょう。世界は，政治の領域よりははるかに早く，経済界が一つに結ばれています。そこで，図書館サービスの経済的機能は緊急の課題なのです。それは826節でも言及しました。

さらに今日の経済界の変化は，必然的に研究体制の変化をもたらし，そこから研究を支えるサービス体制への要求が生まれてきます。それは次の事実に基づいています。

現在，衣食住から交通・通信を含む生活全般にわたって，従来の自然的あるいは半人工的な生産物が，次々と科学的ないし化学的製品に代えられ，その安全かつ的確な生産と供給についても研究の必要が起こってきました。従来の研究は少数の天才によって思うがままに行われてきたのですが，今や社会の要求に基づき，組織的に研究を進めなければ対応できないようになったのです。たとえば電池を並列した場合その電圧は変わりませんが，直列すると何倍もの力がえられるのと同じ，といったらよいでしょうか。【83節】

系統的研究への再投資：この研究は経済界への図書館サービスの急速な進出に大きなかかわりがあります。まずこれは研究組織によって行われますが，そのメンバーの研究能力は人によって差があります。天才とは違うのです。天才は自立して研究する人で，図書館サービスの援助を必要とはしないのが普通です。これに対して業務として研究を分担する人たちには，適切で網羅的な図書館サービスが必要です。これは世

界中で系統的研究が進むにつれてますます必要になってきます。

　系統的研究の進展につれて，大量の論文が生産されます。その結果，一つの研究所の中でさえ研究者間の連絡がなく，互いの研究題目さえわからずに研究の成果が発表され，利用されずに蓄積されるにすぎないという結果を招きます。ここから図書館サービスの必要性が日々顕著になるのです。新しい情報を研究者一人ひとりに届け，それによって相互に研究分野を知り，重複した研究を避けて協力すれば大きな無駄を省くことができるでしょう。そこで新しい図書館の技術としてドキュメンテーションが開発されたのです。【831節】

「本」という形からの解放：経済界との関係でもう一つ注目すべき要因があります。それは図書館が本や雑誌をサービスの単位とする限り，系統的研究には役立たないということです。サービスの単位は，一つの論文，1冊の本の1章，一つのパラグラフでなければなりません。つまりサービス単位をマクロにとらえるのではなく，芽生えたばかりのマイクロ的な考え方を取り上げるのです。そのサービスが効果的で，迅速であり，かつ目標に直結することこそ，今日の社会が求めるものです。それをドキュメンテーション・サービスと呼ぶようになったのです。

　この仕事と第三法則および他の法則とを融合するためには「本」という言葉の意味をその形から解き放つ必要があります。これからは「本」は，文献（document）という意味で使われるべきであって，*Heading and Canons*（SRR著，1955）にその定義を試みました。しかし今日，人の心を通さず機械的手段によって記録がつくられ，それが文献としての重要性を

増していることから考えると、この定義も時代遅れとなりました。これについては"Documentation in Many Lands"(*Annals of Library Science*, SRR 著, 1956) に発表しています。【832節】

「本」の形からの解放と分類法：この考え方の効果は、分類法において最も顕著に現れます。分類技術はその初期において本の書架上の位置を決めるためにつくられたので、マクロな考え方に基づく皮相な方法で十分であり、その初めから列挙式でした。しかしサービス単位がマイクロ志向に代わると、深層分類法(depth classification)が必要になります。それは分析・総合的です。その中では将来の展開が予想される部分とか若干の形式区分にだけ列挙式が使われ、大部分の構成は、相 (phase) 分析、面 (facet) 分析、および地域 (zone) 分析と、分類の基本カテゴリー、思想の次元と記号法の次元の分離（これらはすべてインドで開発されたもの）により、その有効性が認められています。1957年のインドでの国際会議の公式記録にも、著者の功績が記載されています[9]。【833節】

注
1) **日本での第三法則**：新着図書の紹介や、時事的なトピックをとらえての展示などが行われていますが、その考えを全部の本に及ぼして、書架上の本1冊ごとに読者を見つけようとするのが第三法則の主張です。これは熱心な図書館員が努力をしていますが、図書館界全体としてはどうでしょうか。
2) **日本の開架制**：閉架式（書庫出納式）から準開架式、安全接架式、完全開架式と進みました。準開架式というのは、読者に背文字が見えるように、前面にガラスをはめ込み、その下部に指が通るほどの隙間を設けた書架をつくります。普通の書架とは違って、この書架は背面が開放されているのです。読者がガラスの隙間か

ら必要な本を押すと,書架の背面に押し出されるので,図書館員がそれをとり出して読者に渡すというやり方です。パチンコ式ともいいました。安全接架式は,読者は書架部分に入って自由に本を見ることができますが,そこへの出入りは図書館員のチェックを受けます。そういう経験を経て完全開架式(自由接架式)に至りました。初期の例としては1907年,山口県立山口図書館(館長・佐野友三郎)による実践例があり,ついで1909年以降,東京市立図書館に順次採用されました。しかしその普及は戦後のことで,図書館主管当局の理解はなかなか得られませんでした。会計規則上,本は備品扱いでしたから,なくなると図書館長が責任をとるという決まりだったのです。そこで1953年に開架図書を消耗品扱いにすることが全国図書館大会で要望され,日本図書館協会に実態調査を依頼しています。今日開架制が普及したのは図書館法による司書養成,学校図書館での開架制採用,日野市立図書館をはじめとする新しい図書館運営法の普及などが大きな力でした。今後は,本を探しやすい規模と排架法,分類項目間の案内,本の面展示,各開架室間の連絡調整を考える時期ではないでしょうか。(第7章 注8)参照)

3) **再配置**:よく見かける再配置の一例は,本の「面展示」です。これは本自体が読者に語りかける機会をつくるのです。本が自分の存在を示すのに最も有効な部分は,背ではなく表紙の平(ひら)です。それを読者の方に向けて立てておけば,人の目を惹きつけることができます。複本を重ねておけば,1冊借りられても同じ効果が続きます。

4) **読者の目が届く排架法**:米国では棚板を傾斜させた書架をつくり,そこに10冊ほどの複本を,平を前に出して重ねて置いていました。館員は本の動きに常に気をつけていて,その本が全部貸出されたら,別な本をすぐ面展示にします。複本がない本でもこうすると,動かなかった本が動くようになるといっていました。まさに第三法則の要求を満足させたのです。

　米国の別な図書館では,7段の書架のうち,上から2,3,4段目だけに排架をしていました。背の高い人にも低い人にも本が見

やすいように並べよう，と考えたからです。第 5 ～ 6 段は，複本のストックの場所でした。上の段の本が貸出されると，すぐにその複本をストックの棚から上に移して，読者の見やすさを図ります。ここの館長は「図書館税は，背の高さによって税額が変わるわけではない。だから，背の高さで使い勝手が違うようなことをしてはいけない。サービスは平等にすべきであり，本の探しやすさも平等であるべきだ」といっていました。本はブックエンドを使わなくても倒れない程度にゆったりと排架し，ブックエンドは上の段から移動してきた本を支えるために 4 段目に置く，という方針を実行していました。その結果，この図書館の書架はゆとりがあって見やすく，その利用は活発でした。

5) **レファレンス・ライブラリアンの仕事**：この仕事についての考え方は，471 節の後でも述べました。ここでは「万華鏡」からの連想によって生まれるレファレンス・ライブラリアンの仕事について付け加えたいと思います。すぐれたレファレンス・ライブラリアンに相談をすると，ただ当面の解決に至る助言だけでなく，話合いの間に，考え方のさまざまな可能性や，新しい世界の展開を経験することがあります。それはすぐれた編集者との対話でもそういうことがありました。そういう展開の仕方をランガナタンは万華鏡と表現したのだと思います。それは読者が「この人と話してよかった！」と思い，「図書館に来てよかった！」と思う，そういうときなのです。

6) **図書館の宣伝**：ここでランガナタンが宣伝の必要を導き出すために確率の法則を持ち出したのですが，それは本来の意味のほかに，図書館に宣伝はそぐわない，という空気があったからではないでしょうか。つまり図書館とは「知の殿堂」であり，高踏的な場所であって，知的水準の高い人のための機関である。図書館のことを知らない人にわざわざ知らせる必要はない，という気分が館界にも図書館主管当局にも強かったからと考えられます。1950 年代から 70 年代にかけて日本の図書館界の一部にも同様な気分があり，読者のためを図ること自体不必要とされ，そのために経費を使うことなどは考えられない，という雰囲気がありました。

それだけ貧しい予算であったという事情もありました。今はそれが少しずつ変わってきたのです。

7) **図書館週間**：1923（大正12）年，日本図書館協会創立30周年を記念して全国図書館デーの設定を決議しましたが，関東大震災が起こり，図書館標語の募集以外の企画を延期しました。翌24年11月1日から1週間，図書館週間を鹿児島，徳島等で行い，1925年11月，東京で実施しました。当初は図書館週間を「読書週間」として宣伝していました。現在の読書週間は11月3日の文化の日を中心として2週間行うものと，4月下旬から5月上旬にかけての「子どもの読書週間」（ともに読書推進運動協議会主催）があります。また「図書館振興の月」は毎年4月30日の図書館記念日（図書館法の公布記念日）に続くひと月で実施します。この記念日は全国図書館大会（1971年）において制定され，各地の図書館で記念行事を行っています。

8) **本の中にはさみこんだ図書館案内**：このアイデアは日本でも以前から行われ，読者の好奇心に語りかけています。成人も子どもも「読め」と強制されると読まないものですが，自分の好奇心に動かされると読みます。そしてその内容が自然に頭に入るものです。こういう自然な案内の仕方は，家庭文庫や地域の小規模の図書館，学校図書館などで手づくりの広報として行われていて，その姿勢，センス，その内容と表現などからハッとさせられることがあります。

9) **インドで開発された分類法**：これはランガナタン自身によるコロン分類法を指しています。本や論文の主題を分析して，それぞれを記号で表現し，それを一定の順序に従って合成して分類記号とする方式です。それまでは分類法といえば列挙式（DC, LC, NDCなど）でしたから，ここにまったく性格を異にする分類法が生まれたことになります。従来の列挙式では，分類法とはあらゆる名辞を含むか，あるいは代表されていなければならず，それが一つの体系のもとには組織されているものと考えていたのですが，コロン分類法は分析合成式という新しい考え方と実践とを示したものとして，高く評価されました。一方，その考え方を独断

的とする批評もありますが,それはこの分類法にランガナタンの身についたインド的な思考法や世界観が強く影響しており,それが西欧的な思考法や世界観と必ずしも一致しないからかと思います。この意見の相違は,人間が生み出した感覚や思考,行動の記録を一つの体系にまとめようとする分類法の,大きな課題というべきでしょう。

▲インドで最初の移動図書館 (p.34, 44 参照)

第 6 章　第四法則
《読者の時間を節約せよ》
Save the Time of the Reader.

　第一法則の《本は利用のためのものである》という画期的な発言から，第二，第三法則を経てここに至ると，突然，実務の目標のような表現に出会います。これに戸惑う人は決して少なくはないでしょう。そして，ここから他の 4 法則もまた同じ実務レベルのもの，と考えるのは自然な成り行きなのかもしれません。

　しかしこれは図書館のあるべき姿を，読者の立場に立って，わずか 6 語で表現したのです。税金を払って図書館を維持し，それを使って自分の問題を解決しながら生きていく読者にとっては，図書館のサービスが迅速かつ的確であり，自分の目的にかなうものでなければなりません。もしそうでないとしたら，読者は問題解決の方法を失い，その意欲さえも失うでしょう。あるいは他の町の図書館に出かけて同じ手続きを繰り返すことになります。そのために読者が失う時間はまことに大きいのです。そう考えると，これは図書館としてあるべき姿の究極的な表現であり，こうなって初めて第 4 章にいう「住民が喜んで図書館税を払う」状態が出現するのです。

　そこでこれは，日常のサービスの中で館員が心にとめなければならないことでもありますが，それだけではありません。図書館サービスの実務と理念とが一つにまとまって，図書館のあるべき姿の実現に向かって努力をしていなければ，読者の満足は得られないのです。しかもその「読者」の範囲は，子どもから一般市民，学生，研究者，さらには識字能力を持とうと努力する人たちまでを含む全国民へ，さらに全世界の人びとへと大きく広がっていきます。そこで第四法則は，第一から第三法則までの総合の場と考えることができ

ます。これまでの段階で築いてきた図書館サービスの全体を「時間」という面から分析して、図書館のあるべき姿を求める、それが本章です。そして次章では時間とともに成長する図書館に「空間」を導入し、1館のスペースの拡張に始まり、次いでそれを越えて全世界の図書館の連携をもたらすのです。

　本章では、過去の閉架書庫の時代の読者の時間の空費に始まって、開架制、目録、書誌、レファレンス・サービス、貸出と返却、受入作業と集中目録作業、そして読者にとって重要な図書館の所在地の検討に至ります。また、第8章からの補足部分では、分類・目録作業の集中化、本の流通以前の分類・目録作業、国際的および国内的ドキュメンテーション、さらに図書館作業の機械化に及んでいます。

60　はじめに

　これまでの3法則は、図書館の本をできるだけ十分に、かつ多数の人の利用に供するためのものでした。それだけに当然のことばかりを述べたものと見えたかもしれません。しかしこれが図書館の基礎的な考えとして現れたのはここ数十年のことですし、これまでの考察は、この3法則の意味の検討とともに、図書館の前途、方針および管理のさまざまな姿と、それが生み出す変化について述べてきました。

他の法則と比較して：本章では、この第四法則を手がかりとして、いくつかの課題を検討します。この法則は、第二法則と同様、読者の側から図書館の問題に迫ろうとしています。そして、《本は利用するためのもの》であって、《いずれの読者にもその人の本を提供すべき》であり、さらに《いずれの本にもすべてその読者を見つけるように援助されるべきであ

る》ということが当然ならば，図書館管理もそれを実現できるように形成されなければならないのです。

　この法則は，第五法則とともに，第一〜第三法則の要求の漸進的実現から生まれる状況にかかわります。そこでここでは時間という観点から検討を進めます。【601節】

第四法則の表現：第四法則は《読者の時間を節約せよ》と表現されます。これは他の法則ほどに自明ではないかもしれません。しかしこれは，過去においても将来においても，図書館の管理や業務改善に大きくかかわるものです。そこでこの法則の重要性を考えるため，一人の読者が図書館の入館から退館までのプロセスの一々を，時間の節約という観点から批判的に検討することにします。【602節】

61　「閉架」システム

　入館した読者が最初にすることは，借出していた本の返却でしょうが，これは貸出のところで述べます。貸出と返却の実務は相互に関連し合うからです。

本の請求：閉架式の図書館では，読者が本を選ぶのには目録を使わなければなりません。これには図書館によってカード式と冊子式との違いがあります。マドラス大学図書館は7万冊という小規模ながら，その冊子目録は35×30cmほどの大きさで14冊あります。大英博物館図書館では同様の形態の目録が1,000冊に及びます。その引き方は決して簡単ではありません。ここから特定の本を探すのは，まるで迷路に入

り込んだのと同じです。それでも探している本が見つかったら，間違いのないようにスリップに記入し，出納係に渡して本が出てくるのを待ちます。大英博物館では，午前中にスリップを出して，午後本を受け取るのが普通です。待ち時間を節約するために，前日の夜スリップを出して，翌朝受け取る人もいるほどなのです。【611節】

失望の原因：利用者が多い図書館で目録を引き，貸出カウンターで待つための時間の損失は大きいものです。また本を手にするまでには何度もやり直すことがあります。スリップに書く数字や綴りに誤りがあれば係員が本を探し出すことはできませんし，貸出中や予約がついている場合は別な本を探さなければなりません。また，出てきた本が役に立たないこともあります。目録記入が不十分なために本を探せない場合もあります。そうしたことが図書館の利用を躊躇させてしまうのです。【612節】

損失時間の測定：開架式導入直前のマドラス大学図書館で読者が無駄にする時間を測定したところ，およそ30分でした。1日200人の入館者の30分は1日100時間，年に36,500時間の空費です。開架制の特質の議論にはこの空費された時間の大きさを考えるべきだ，と第四法則は主張します。開架制対書庫出納式という大きな問題を考えるときには，原価計算の基本的な考え方と，コミュニティと図書館とを全体として見渡す広い視野とが必要であって，亡失その他，視野の狭い見方や非難を基礎とすべきではありません。【613節】

経営的手法の影響：英米両国のように「時は金なり」「金は時なり」と考える近代社会では《読者の時間を節約せよ》という言葉は大きな意味を持ちます。近年の経営手法と原価計算への関心は，経営者にも一般市民にも急速に広がり，それに基づいて開架制に賛成する人が決定的に多くなったのです。これによってカウンターでの無駄な待ち時間が完全になくなり，厄介な目録を引く無駄は最小限となり，普通の読者にはその二つとも不必要になったとさえ言えるでしょう。

閉架式の図書館でも，図書館員が読者の時間を節約しようと努力はしていました。貸出した本の書名を表示する**貸出本表示板**を考案したのもその一つですが，広いスペースが必要でした。それよりも待ち時間そのものをなくすべきだという考えから，**開架制**が出現し，第四法則の考えを実現する唯一の方法となりました。第二，第三法則によって提唱された公開書架制は，第四法則によって国民経済という観点からさらに強化されたのです。【614 節】

62　本の排架と書架の配置

開架制を普及すればそれで第四法則の関心すべてが満足させられるわけではありません。使いやすさの死命を制するものとして，第四法則は書架への本の排架と書架自身の配置とに，開架制に対するのと同様の強い関心を持っているのです。

ABC 順排列：著者名の音順に本を排架するという考え方はよく主張されます。しかし読者の大部分は主題に関心を持ちます。文学書の場合には著者名で，という考え方があります

が，文学者の伝記や文芸批評の本を探す場合，その本の著者は，その主題となった人物ほどの重要性を持たないのが普通です。そこでそういう本を著者名で探しても伝記の主題になった人物（被伝者）の本は見つからないでしょう。【621節】

分類順排列：本が詳細な分類順に並んでいれば，一つの主題に関する本は大きなグループをつくり，書架上の1か所にまとまります。そして読者が本の背にほんの30cmから60cmほど目を走らせれば何があるか一目でわかるのです。第四法則が分類順排架を主張するのはこの理由からですし，第二法則と第三法則の主張とも一致しています。【622節】

各類の相対的配置：第四法則は，さらに排架法の新しい考え方を示唆します。それはある主題の本とそれに近い主題の本とを，できるだけ近づけて排架することです。哲学に関心を持つ読者が宗教と心理とに興味を持つのは確かですから。そこで《広い関心を持つ読者の時間を節約》するために，哲学の片方に宗教を，もう片方に心理学の本を排架するのが望ましいのです。他の分野においても，この意味での第四法則をいつも考えて，その関係位置を決定すべきです[1]。【623節】

各類の固定的配置：以上の方法に対して，主題の位置を固定する排架法も，第四法則に基づいて決定します。読者の要求の多い主題は書架室の入口の最も近いところに置き，利用の少ない主題は一番遠いところに置くのです。マドラス大学においては，地理学の本1冊の貸出に対して，文学書は100冊以上貸出されます。そこで多数の読者の時間を節約するため

に，書架室の入口近くに文学書の書架を置き，サービス・カウンターのすぐそばに，すぐに役立つ参考図書（商工録，年鑑，辞書・事典）を置きます。新着書はよく利用されるので，一定期間はカウンターの近くに置きます。こうした方法は，すでに前章で説明しました[2]。【624 節】

63　書架室内の案内

　読者が書架室に入って，第四法則に基づく相対的あるいは固定的排架法にいきなり出会ったとしたら，迷うのが当然ですし，それでは第四法則の目的は達せられません。そこで，読者の時間を節約するために，書架室内に効果的な案内図を表示します。

平面図と案内板：書架室の入口に，書架の位置とそこに収められている分類項目とを示す，大きくはっきりした説明図を置きます。書架にはその列の端の側板に，その列に排架された本の主題の案内板をとりつけます。それには読者の目を惹くように主題を表示します。【631 節】

棚見出し：棚 1 枚ごとに必要な数の棚見出しをつけます。マドラス大学では 3,500 枚の棚板に 6,000 枚の棚見出しを使っています。これだけ多数の見出しを適切に管理するのは大きな課題です。これは第五法則の検討に委ね，ここではただ数が必要だということに留めておきましょう。多すぎると読者を混乱させるので，棚ごとに 2 枚でよいでしょう。マドラス大学図書館では，書き損じの目録カードを横長に 4 等分し，

太めの活字体で分類項目を記入し,もしスペースがあれば分類記号を書き加えています。【632節】

図書ラベル：読者は入口の平面図を見,書架の側板にとりつけた案内板によって特定の通路に入り,棚見出しに目を走らせて,自分が必要とする本がありそうな分類項目の棚に導かれます。そしてそこに集められた本を見て自分で選ぶのです。

　読者が特定の本を探している場合には,もっと時間の節約になる効果的な方法があります。それは書架室に入る以前に目録によって正しい請求記号を見つけておくことです。そうするとその請求記号を探すためのガイドが必要になりますが,それが本の背に貼ってある図書ラベルなのです。

　目録作業と同時に,ラベルに請求記号を記入します。**ラベルを選択**するには,貼りつきやすく,汚れにくいという条件を重んじます。貼った後には艶出しと保護とのためにニスを塗ります。もし汚れて見えにくくなったら定期的かつ組織的に貼り替えるのです。汚れて擦り切れたラベルほど,本の印象を悪くするものはありません。それはだらしない印象を与え,図書館が読者に与えるべききちんとした仕事とはそぐわないものになります。年間15万冊を貸出すマドラス大学図書館では,ラベル貼り替えのために週に10時間働く職員一人を必要としています。これは図書館だけの狭い立場から考えたら大きな経費でしょうが,図書館と読者とを含むコミュニティという大きな立場から考えれば,《読者の時間を節約する》という点で経済的だといえます。

　ラベルの位置が本の背中に同じ高さにそろってきれいに貼られているときに,読者にとって書架は魅力的に見えます。

ラベルの貼り方がまちまちであれば，いい加減な仕事とみられるばかりでなく，本を探す読者の目を疲れさせるでしょう。経験によれば，ラベルの標準的な高さは，本の背の下端から2.5cm あけて貼るのがよいと思います。

　ラベルを貼り替える手間を避けるために，**型押し**によって請求記号を直接本の背に焼きつける方法もあります。これは普通，製本師が箔押しをする方法を使うのです。館内で作業ができなければ，製本師のところに本を送ります。【633節】

外からは些細に見えること：こうしたことは事務上の些細なことと見えるかもしれません。図書館の仕事を知らず，自分の蔵書の経験で割り切ろうとする人には，このような些細なことがどれほど大きな意味を持つか，まったく想像もつかないことでしょう。近代的図書館の伝統を持たないインドの状況では，図書館を知らずに発言する人と図書館員の認識の相違によって館長の仕事がますますやりにくくなるようです。しかし図書館長は《利用者の時間を節約する》という第四法則の実現のためにこれらの問題を熟慮し，解決しなければならないのです[3]。【634節】

64　目録記入

　多くの本は複合的な性格を持っているので，それが読者に時間を空費させる別なファクターとなります。すべての本が一つの主題だけを扱っているわけではありません。特定主題に関するすぐれた発言が，1 冊の本の 1 章あるいは数ページに示されていても，その本が取り扱う中心的な主題ではない

場合があります。注意深い研究者は，図書館にあるすべての資料で，彼のテーマに関するものをすべて知りたいと望むでしょう。もし目録において，1冊の本にただ一つの記入しかなく，分出記入がなければ，研究者は1冊1冊本を見なければなりません。たとえば書架上では5～6冊がまとまっているにすぎない主題が，分出記入には30点の資料があったこともあります。また核変化に関するゼーマン効果について，マドラス大学図書館では，書架上で4冊，分出記入では17点が得られました。これによって図書館はこの研究者の時間を節約することができたのです[4]。【641-642節】

目録係員：この分出記入をつくるには，高い学術的資格と十分な専門的訓練を受けた館員を必要な人数だけ配置する必要があります。マドラス大学では年間に6,000冊の本のそれぞれについて平均6枚のカードをつくっています。その費用はおおむね1冊あたり10アナ（5/8ルピー）に当たります。【643節】

浪費の繰り返しを省くこと：図書館主管当局はこれだけの支出でもスタッフの確保には躊躇するものです。そこで第四法則は，狭い見方にとらわれず国全体の立場ともいうべき広い立場に立つことを求めます。これがなければ，高給をとる研究者たちが文献調査のために無駄な時間を費やすことになります。図書館のスタッフが一度だけやっておけば，国の経済にも，研究者として最高の能力を持つ人びとにも，無駄な反復はさせないのです。研究をそこまで退化させてはならないのですから。【644節】

研究上の不利な条件の回避：世界のすべての国々は研究活動において競争をしています。インドのどの分野の研究者も，この競争においてみすみす不利な条件に陥ってはならないのです。図書館が十分な分出記入をつくることによって，彼らの貴重な時間が守られるのです。【645節】

分業：これと同様に，毎年教授も学生も文献を探すのに時間を費やしているのは，国家的な無駄であることを考えましょう。すぐれた教授や学生の頭脳を活用するのも，経済的な方向においてすべきです。第四法則は，あらゆる主題について徹底的なリストをつくる館員を図書館に配置し，研究者，教授，学生たちと仕事の分担を進めることが経済的ではないか，と問いかけています。この仕事は一度しておけばずっと使えるのですから。【646節】

65　書誌

　第四法則の提案に対して，分出記入の作成は，本に限るのか，雑誌にも及ぶべきかという意見が提起されています。《読者の時間を節約する》ことを実現するためには，当然雑誌の内容をも分類順に探せるようにすべきです。

雑誌記事索引：雑誌の数は60,000タイトルあるともいわれますが，マドラス大学図書館では約1,000タイトル，エール大学図書館では11,500タイトルを受け入れているといいます。これには実に多数の主題の論文が含まれています。多忙な研究者の時間をその調査に費やすよりは，学問の世界全体

から見て専門のスタッフが調査し，その結果をすべての研究者が使えるようにすることがより経済的だと思います。

　第四法則はこの仕事を，研究者個人がしないですむようにするだけでなく，個々の図書館の仕事，あるいは一国の仕事を越えて，国際的な団体に仕事を委ねようと考えるのです。【651 節】

その実例：1928 年にラーマン卿（Sir C. V. Raman）が発表した新しい放射能に関するラーマン効果は，世界中の物理学者が関心を持ち，多くの論文を発表しました。研究の重複を避けて新しい方向を見出すため，この分野の人たちがすべての関係論文を容易に入手できるようにすることが求められました。そこで *Indian Journal of Physics* は 550 タイトルを収録して，時間の実質的節約という効果をもたらしたのです。このほかに第四法則の考え方を重んじるものとして，*International Catalogue of Scientific Literature* をはじめ，14 タイトルの書誌が出ています。また，《読者の時間を節約》するための書誌については Henry Bertlett Van Hoesen の *Bibliography: Practical, Enumerative, Historical* の第 3 〜 9 章が詳細です。【652 節】

書誌の書誌：第四法則の影響は「書誌の書誌」（a bibliography of bibliographies）が多数出版されたことにも表れています。その代表として，たとえば Darrow, K. K., *Classified List of Published Bibliographies in Physics* があげられます。【653 節】

書誌の分出記入：第四法則の実践を支えるものとしては，大英博物館図書館の発行の目録や，ブリタニカ百科事典の各項

目の後にある短い書誌があります。利用者が抱えている問題の多くは，これらを使うことで迅速に解決できます。図書館はこれを持たずに一日も過ごすことはできません。また，マドラス大学図書館では本の章末あるいは巻末に見出される重要な書誌の分出記入をつくっています。これはどこの図書館でも実行できる単純な仕事です。マドラス大学での書誌分出記入は今や相当な数になり，《読者の時間を節約する》ために，計り知れないサービスを提供しています。【654節】

単行および累積書誌：第四法則は資料選択のために，公平で代表的な書誌的出版物の受入れを主張しました。これは大きな貢献です。大英博物館図書館の *The English Catalogue* やその年刊補遺版は各図書館になくてはならないものです。さらに各図書館はその性格と読者の関心および財政規模に応じて書誌を購入します。科学を専門とする図書館や大学図書館が刊行中の雑誌の累積索引を受け入れるのは当然ですし，文献にみられる限りの著者の書誌と主題書誌とをできるだけ多く購入すべきです。公立図書館では *Poole's Index*，または英国図書館協会や National Book Council の書誌も役に立つことでしょう。【655節】

66　レファレンス・サービス

　これまで二つの節で，図書館が使っている書誌的トゥールについて説明してきました。しかし，それを十分に備えたとしても，読者がそれを使って求める本をすぐに探し出せるというわけではありません。

まず，個人を対象として手ほどきをする必要があります。それは読者が図書館の適切な使い方を身につけることです。この手ほどきをした後でも，多くの読者はレファレンス・スタッフによる書誌サービスを必要とします。

　レファレンス・スタッフはそのサービスの実績を積み重ねることによって，正確かつ短時間に書誌サービスを提供します。また，手ほどきをした後でも，読者は書架上の本をどう探したらよいかわからないことがあります。スタッフは分類法と目録法の知識を活用して，読者の問題に的確かつ迅速に対応するのです。

　第四法則は第一〜第三法則と手を結んで，適切なレファレンス・スタッフがすべての図書館に必要であることを強く主張します。このための経費は，国の最もすぐれた頭脳の貴重な時間を節約するという点で，国に還元されます。しかもその総額は図書館サービスの充実によって毎年増加し続けるのです。企業が維持する専門図書館は有能なレファレンス・スタッフのための経費を惜しみませんが，それは時間の経済的価値を認識しているからです。しかし学術図書館はまだこの認識が不十分なように見受けられます。

二つのタイプ：第四法則から見て，レファレンス・スタッフの仕事は次の二つです。
　(1) その場ですぐに対応できるサービス
　(2) 調査を必要とするサービス　【661節】

その場での対応：この目的のために第四法則を実現しようとする図書館は，館内の目立つところにインフォーメーション・

デスクを置きます。できれば複数置くとよいでしょう。そして読者が図書館で自分の仕事を始めるときに，このサービスが目につくようにします。その仕事は次のとおりです。

1. 質問の解決に時間がかかりそうで，専門的な援助を必要とする読者を，適切な場所や専門のレファレンス・スタッフのところに案内する。
2. 初めて図書館を利用する読者に対して適切に援助する。特に目録や書誌の使い方，分類法と書架排列など。
3. 簡単な質問に対して回答する。年鑑，商工録，年中行事一覧表など，そのデスクに備えているものを使う。

インフォーメーション・デスクでのサービスには，電話での質問がたくさん含まれますから，《読者の時間を節約する》には，**館員としての資質**が重要になります。それは，記憶力がよく，連想能力にすぐれ，一つの主題から他の主題へと発想を転換できる能力を持つことです。動作も遅く，気働きが鈍い人は，第四法則のために働くことはできません。【662節】

調査に時間を要するサービス：開架室にいる読者の行動に注目してみましょう。もし図書館が理想的に組織されていれば，読者はすぐに自分が探す分野の書誌に詳しい専門家，つまりレファレンス・ライブラリアンを見つけることでしょう。この係員は読者ににこやかに応対する人であり，読者が求める分野の専門用語に通じている人でもあります。読者はその雰囲気の中でためらうことなく自分の課題と要求とをはっきり伝えます。レファレンス・ライブラリアンは，専門家に対してサービスを提供してきた経験と，書誌やその他のトゥールと資料とを絶えず多角的に扱ってきた経験との両方を惜しみ

なく提供します。これが《読者の時間の節約》に大きな働きをし，他の方法よりもずっと迅速に必要な資料を提供することができるのです。【663節】

読者の範囲：読者が若く経験のない学生であって，同じ分類記号の本の内容の相違がわからない場合があります。レファレンス・ライブラリアンはその学生の知識に見合う1冊の本を渡し，《自分の時間を節約する》ようにします。また，一つの主題にアマチュアとしての興味を示す学生もいるでしょう。レファレンス・ライブラリアンは，その学生のこれまでの読書歴を尋ね，必要な予備知識から始めて，段階的な読書のリストを提供します。もしそういうレファレンス・ライブラリアンがいなければ，この学生は理解できない本のリストを与えられて，時間を空費したかもしれません。多忙な管理者か，ある分野の専門家が図書館に調べ物に来た場合，この人の来訪が前もって知らされていれば，レファレンス・ライブラリアンは本人の主題に適切な本を選んでおきます。それによってこの読者が図書館のあちこちを探し回って貴重な時間を失うという無駄を避けることができるのです。【664節】

一つの実例：サンスクリット語の学者が北部の町から来て，インド哲学に関する資料を探したことがありました。この言語の書物の特性から，実際に内容を見ない限りは必要な本を探し出せないことをこの人は知っていました。しかし分類法による排架法も，分類目録の分析的な性質も知りませんでした。もちろんレファレンス・スタッフの存在も知らなかったのです。そこで調査に数日間をかけるつもりでマドラスに来

ました。最初は何度援助を申し出ても耳をかさず，本を調べ続けました。彼が疲れた頃，また援助を申し出て，書庫の中を一巡することになりました。これがレファレンス・ライブラリアンに《読者の時間を節約する》機会を与えたのです。この学者はインド哲学の書架に導かれ，その結果，数日の滞在予定をその日だけで切り上げて帰ることができました。図書館のスタッフが《彼の時間を節約》したのでした。【665節】

67　貸出方法

　読者が本を借り出すときの手続が「貸出業務」であり，本を返して，図書館に負う責任のすべてから解放される手続が「返却業務」です。第四法則の出現以前には，これらの業務はきわめて複雑で無駄ばかりでした。もし図書館の機能が第一〜第三法則の理想に到達できれば，今までのやり方は次の第五法則に至るまでには消えてしまうことでしょう。ここではこのプロセスの中の時間の問題だけを検討します。

　従来の貸出は，まず読者が著者名，書名および請求記号を活字体で記入し，それを貸出カウンターの職員が**貸出日誌と個人貸出簿**との両方に転記します。この帳簿は1部ずつしかないので，貸出が混みあうと大変時間がかかります。返却のときはそれぞれの記録を抹消するのですが，これに15分かかるといいます。そこで**貸出記録の要件**とは：

　1．どういう本が何冊，その日に借りられたか？
　2．誰がそれぞれの本を借りていったか？
　3．その日に返されるはずの本は，なにか？

　この条件と第四法則とを満足させるために，**複式カード・**

システムが考えられたのです。これはそれぞれの本にブック・ポケットを付け，ブック・カードを入れておく方式です。読者に対しては貸出限度冊数と同じ数の貸出券を発行します。**貸出手続き**は読者が貸出券と本とをカウンターに提示し，係員は貸出期限表に返却日を捺印，ブック・カードをブック・ポケットから出し，1冊ごとに貸出券とまとめます。これで読者は本を持って帰ることができます。この方式では10冊以上の場合でも1分以内に処理できます。これによって，やっと第四法則の理想が現実になったのです。その後係員は**ブック・カードと貸出券とをひと組**にまとめます。これにもいくつかのやり方がありますが，いずれをとるにせよ，このカードを貸出日付のもとで分類番号順に排列するのです。**返却手続き**は，係員が貸出期限表から返却日を見つけ，ブック・カードと貸出券を取り出します。ブック・カードをブック・ポケットに差し込み，貸出券を読者に返すのです。これに要する時間は，貸出の場合と同様にきわめて短時間です。これは基本的な形で，各図書館の事情に応じてさまざまに変化した形式が考えられています[5]。【671-676節】

68　職員の時間

「読者の時間を節約する」ためには，レファレンス・サービスに十分な人員が必要です。その人員が増え，その仕事に使う時間が増えれば増えるほど，第四法則実現の範囲も程度も増大することになります。ということは，図書館のスタッフがいわゆる機械的な手仕事に費やす時間をできるだけ減らすことです。この考えは実業界にも広がっています。こうし

た第四法則の提言は，長期にわたって図書館界の注目を惹き，すばらしい結果を生みました。つまり旧式な帳簿から，1枚1枚を別々に扱うカード式に図書館の仕事を変え，さらに実業界にカード式による事務処理をもたらしたのです[6]。

本の選択，発注，受入，目録作業，除籍についての一連の記録にもカード式を採用することで《職員の時間が節約》されます。カード以前にはすべて用紙かノートに書き込んでいて，きわめて煩雑なやり方をしていました。それをカード式に換えることで，以前に5分かかっていたものが1分ですむようになったのです。その他にも副次的な利点があって，カード方式は正確であるばかりでなく容易かつ迅速であり，《館員の時間を節約》し，そこから《読者の時間を節約》するに至ったのです。このカード・システムは5×3インチのカードを標準とし，選書から発注，受入れ，書架目録編成，除籍の各段階で効果的に使われました[7],[8]。【681-689節】

集中目録作業：《職員の時間を節約する》ためのもう一つの方向として集中目録作業があります。各館で別々に目録をとるのは，国の立場から見て時間の無駄です。ALAは20世紀直前に小規模の実験を試みましたが，実際に始まったのは，1901年，米国議会図書館（LC）の印刷カード事業からでした。これは第四法則の画期的な実現と言えるでしょう。

米国の図書館は，第四法則に基づく集中目録作業の価値を躊躇せずに認めました。1929～30年には，このカードの予約購入をする図書館の数が5,011館に達しました。1冊の本に対するカードのセットをLCから購入すると4アナですみますが，自館でつくると10アナ（5/8ルピー）かかります。

現在世界各国の図書館が購入のための検討を始めています。
　さらに第四法則は，世界の図書館界に対し，**国際的な協力**の道を開くため，各国間での目録規則の相違の調整を強く働きかけることになりましょう[9]。【691節】

図書館の立地：今までは読者が入館した後での時間の節約を論じてきました。第四法則はさらに，読者が図書館に来る時間のことも考えます。つまり《図書館は利用者の時間を節約》できるように，その位置を決めるべきなのです。そこでカレッジではすべての学生が通いやすいようにキャンパスの中心を図書館とします。また大学の研究部門はできる限り大学図書館の中に設置します。自然科学系の学部の実験・研究施設は，図書館と同じ敷地の中に置くことにするのです。

　市立図書館の立地条件が第四法則を満足させるのは容易ではありません。大都市の中でどこからでも楽に利用できる場所を見つけるのは難しいことです。西欧では分館と配本所を市内各地に網羅することによって，第四法則の要求と地理的な問題との折合いをつけています。これは第1章に第一法則との関係で述べておきました（13節）。理想としては市民の誰もが歩いて10分以内に行けるところに分館をつくることと，その方式を市全体に及ぼすことです。

　農村地域の読者にとって第四法則の実現には，距離よりももっと大きな困難があります。家と家との間が離れているので，都市で住宅のそばに分館をつくるようなわけにはいきません。《農村に住む読者の時間を節約する》ための唯一の手段は，自動車図書館（the library on wheels）を巡回させることです。きちんと訓練された図書館員によって注意深く選択さ

れた本を自動車に積み，定期的に村の図書館や配本所，遠く離れたところの農家に本を届けるのです。これに対して「本が読みたければ町の図書館に来ればよい」という反論が出るでしょう。しかし時間の貴重さに町と村との区別はありません。第四法則は町の図書館のことだけを考えているのではないのです。郵便が地方の家庭に毎日届くのと同様，本がそれぞれの村に月に一度届くのは決しておかしなことではありません。米国では，どの家からも1マイル（1.6km強）以内に分館あるいは配本所を持つところがあるほどです。

インドで最初の移動図書館は，2頭の牛がひくものでした。ランガナタンの話を聞いた篤志家が本の運搬車を設計・製作し，最初の資料費を含む維持費までも寄付しました。1932年までには242の村のうち，75村にサービスポイントがつくられたといわれています。【692節】

84　第四法則と新しい図書館実務
［第8章からの補足］

　第四法則は，レファレンス・サービスの人手を確保するために《職員の時間を節約せよ》という命題を提起します。これは，レファレンス・サービスに働く人を図書館の他の仕事から回すためであって，図書館実務に大きな影響を及ぼします。そのうちのいくつかの計画はすでに着手しましたが，しかし第四法則の完全な満足を得るためには，なお努力が必要です。

分類・目録作業の集中化：第四法則の実現のためには，分類・

目録作業を集中して行うのが最も効果的です。こういう仕事は個々の図書館で別々に作業すべきものではなく，どの図書館にも共通であり，その本自身の性格を表現するものであって，それを使う図書館によるのではありません。特定のグループや地域の要求に応える場合には Canon of Local Variation がその双方に適用されます。

つまりこれは，図書館サービスによって本を提供するための準備的・技術的作業であって，集中化することができるのです。それは，*Heading and Canons*（SRR 著，1955）の中に示したように，国内で出版された本を，その国の図書館システムが利用できるようにする作業で，労働力の 79％を節約できるのです。

外国書の場合も各国が集中化を実行し，かつ国際間で定めた整理方法を採用するのなら，それまでの作業量の 79％の軽減ができます。BNB（British National Bibliography）は第四法則の最もよい実例です。1950 年に出発したばかりですが，すでに英国の図書館システムにおいて労働力の軽減を達成しました。目録カードの印刷と供給においては，注文を受けてから 1 日以内に処理できるという高水準の効率性を実現しています。【841 節】

流通以前に行う分類・目録作業：第四法則は，図書館が本を受け入れてから利用までの長い時間を分類や目録に費やすことに不満でした。もし流通以前に目録および分類の情報を得，本と同時に目録カードを入手し，請求記号を本の背とタイトル・ページに記入し，その過程で発注や他の事務を行えば，図書館は本を受け取ってから遅くも数日のうちに利用に供す

ることができます。これは *Heading and Canons* に述べました。まだ実用化されてはいませんが，1956 年 12 月の英国訪問で，この考えを発表（1948 年 8 月 12 日に著者が LC で行った講演）したところ，実現の可能性があり，出版社の協力も得られようということでした[10]。【842 節】

国際的および国内的ドキュメンテーション：労働力と経費を軽減するためには，国際レベルにおいてもドキュメンテーション作業を集中化する必要があります。しかし実際上は 1 年以上の時間のずれが生じるのが実態です。これは第四法則に対する重大な違反です。そこで第二次世界大戦後は，各国のセンターで限定されたドキュメンテーション作業が試みられました。そのセンターが責任を持つのは自国で入手できる雑誌に限り，その主題は国内で研究されるものに限定したのです。この二つの限定は，発展途上国において二次資料に収録する作業の負担を軽減しました。雑誌の表紙（目次の表示がある）のマイクロ・コピーを航空便で送ることによって，雑誌の到着と同時に国別のドキュメンテーション・リストが加盟館に届くことになります。さらに進んだ段階としては，各国のドキュメンテーション・センターは，国内で発表される論文について流通以前に情報を収集し，要約をつけたドキュメンテーション・リストの発表に至るべきです。第四法則のこの提言は，現在刊行中のたくさんの雑誌の印刷費用の軽減にも役立つかもしれません。非常に特殊化されたテーマの論文は，それに関心を寄せる専門家に対して複写機によるオリジナル原稿を送付すれば十分だからです。【843 節】

機械化：スタッフの労働を軽減するもう一つの方法は，人間的な判断を必要としない仕事の機械化です。たとえば文献探索の機械化計画は，第二次世界大戦以後大きく進歩しました。分類法上の面の分析と機械検索の結合，およびパンチカードを経て磁気テープの使用に至るまで，読者の時間を直接節約します。同様に貸出方式にも磁気的その他の方法が使われるでしょう。米国のラルフ・ショウは写真による貸出業務の省力化に貢献しました[11]。

　第四法則の要請に応えるためには，なお困難があります。しかしほとんどの業務の機械化は，技術者と経営専門家の手に委ねられています。図書館専門職の立場からは，そのような機械化の必要性を述べ，機械化が有益かつ無害な領域を指摘するだけにとどまっています。ランガナタンはこの問題を憂慮し，1956年の講演 *Mechanisation of Library Service* に詳述しています。【844節】

注
1)　**今の分類法**：ランガナタンはこのように説明しますが，これはまだ統一的な分類法が各図書館に普及する以前，各館で独自に主類の順序を決めていた時代の提言だと思います。今日の図書館では，統一的な分類法に従って排架をすると，どの図書館でもランガナタンのいうようになります。つまり今の分類法は，第四法則に忠実に従っていると言えましょう。

　場合によってはこれを解釈し直すこともあります。たとえば，NDCの590，家政学・生活科学に分類される本を，各館の状況においてどう解釈するかはよく議論されるところです。図書館によっては育児の本を教育学に分類し直すところや，一定期間，教育の新着図書と一緒に置き，後に分類番号のところに収める，という方針をとるところもあります。これらのやり方もまた，その図

書館での第四法則の解釈の仕方といえるでしょう。
2) **書架室**：これは今のように書架部分と閲覧部分とが一体になった開架制ではなく，それに至る一つ手前のステップとして，読者が自由に本を選べる部屋をつくったものと考えられます。書庫内は暗く通路が狭いのが普通ですから，第二法則が指定するように通路を広くとり，明るい部屋を用意したのでしょう。
3) **ラベルの位置について**：全体的な立場から見れば著者の言うとおりです。しかし日本での個々の本についてみれば，ラベルによって著者名なり巻数表示なりが隠されて，利用者に不便を与えることもあります。それを避けるために細いラベルに印字をして使う図書館もありますが，記入部分が普通のラベルの1/5程度であるため，詳細な請求記号を使う図書館では書ききれないという問題が起こります。ラベルの位置と記入事項の選択は，その図書館での本の特質や量，利用の方式などを考え合わせて，早い時期に決定すべきことで，ただ同じ高さにすればよいのではありません。どうしても巻数表示が隠れてしまうのであれば，ラベルにそれを書き込むなどの方法を講じる必要があるでしょう。また，図書館によっては，NDCの主類別にラベルの枠の色を決めるところがあります。色の中には褪色しやすいものもあるので，注意が必要です。

　これはまさに些細なことのようですが，読者が分類記号によって本を探す場合，手がかりとするのはこのラベルです。住所を頼りに行ったことのない家を訪ねるときに，電柱や他の家の表札にある所番地を頼りにするのと同じです。
4) **目録の役割**：米国の著名な大学図書館で，学部学生のための開架式図書館を設置したときのことです。目録はただ本の所在がわかればよいとして記述を簡略にしました。その図書館の利用が軌道に乗るにつれて，この目録では一々の資料の識別ができず，またレファレンス・サービスの役に立たないことも明らかになりました。そこで目録のとり直しという時間のかかる仕事と取り組まなければなりませんでした。計画段階で見えなかったことが，大きなマイナスを生んだのです。
5) **日本の図書館での貸出**：1950年，図書館法が成立，公布されま

した。それ以前の日本の図書館でも貸出は行われていましたが、その多くは貸出券を購入する形での有料制でした。明治時代に館外貸出を「宅下げ」と表現した「お上の図書館」の感覚を引きずっていたからです。また、図書館予算が少なく、有料制によるわずかな収入を言いたてなければ予算がとりにくいという事情もありました。1950年の図書館法によって、「図書館資料の利用は無料」という原則が確立されたのです。さらに新しい養成教育の中で新しい貸出法が教えられ、若い図書館員の間に「利用者のための図書館」という考え方が普及しました。この頃から海外の図書館の影響も大きくなり、大学図書館の中では1950年代末から学生への貸出を始めたところがあります。公立図書館では1965年日野市立図書館が先鞭をつけ、「利用者の時間を節約する」ためのより簡単な方式を採用し、その実践が全国の公立図書館に広がりました。その後貸出用の機器も一部に導入されましたが、1970年代後半からIT機器による貸出方式が始まりました。

　一方、学校図書館では、1954年4月からの学校図書館法施行以来、館外貸出は当然のこととして行われましたが、その方式はブック・カード方式、つまりランガナタンのいう複式カード・システムによるところが多いといえましょう。

　なお、ランガナタンは貸出記録の要件として3か条をあげていますが、今日では、読者の読書の秘密を守ることを最大要件としてここに加えなければなりません。かつての代本板は、手続きの煩雑さとともに、この点への配慮がなく、公開されている図書館の貸出方式としては役割を終えたといえましょう。

6) **図書館界から実業界への影響**：ランガナタンのいう実業界への影響の例としてヴァーティカル・ファイリング・キャビネットがあります。これは書類をそれまでの平積みからファイルに入れて立てるという方式（つまりカード式と同じ方法）を採用し、書類整理を能率化しました。これを世に出したのは、1893年、メルヴィル・デューイがかかわっていたライブラリー・ビューロー社といいます。また、顧客のリストをカード式で維持していた会社の実例もあり、教育の現場でも、読んだ本の内容をカードにとり、

それによって自分の考えをまとめるというやり方が久しく行われていました。

7) **カード・システムについて**：目録カードの大きさの国際標準は12.5 × 7.5cmです。日本では4 × 2.5寸という大きさのカードを使っていたこともあります。

　カード・システムは単に館内の仕事の効率化を図ったばかりでなく，図書館間での目録カード交換によって，相互協力の基礎となり，さらに目録カード・ケースの標準化に進み，印刷カード事業を備品・用品面で支えました。

　すべてを帳簿で処理していた時代から考えると，カード・システムが「職員の時間を節約」したことは確かです。ランガナタンのこの考えは，「帳簿からカードへ」と向かう時代のものとして適切でした。しかしその後，図書館が大きくなるにつれてカードの枚数が増えると，排列の問題が起こってきました。たくさんのカードを，常に間違いなく今までのカードの中に組み込むことは，決して簡単な作業ではありません。そして一度間違って排列されると，その次からはそこから誤りが再生産されます。そのために，まず排列要員として慎重に作業を進める人を選び，仮排列をさせた後，責任者が点検するという仕事が加わりました。また，次々とカードが増えてくると，カード・キャビネットを増設し，今までのカードをそこに移すという仕事が必要になります。これには利用者の引きやすさを十分に考慮し，その後の増加のゆとりをも考えて，目録カード全体の編成換えをするのです。今日のIT技術による新しい方式は，1館の中の作業だけから見ても《職員の時間の節約》に大いに貢献しているといえましょう。

　しかし問題がないわけではありません。レファレンス・ライブラリアンが増員され，第四法則の望むとおり「読者の時間の節約」に貢献したでしょうか。

　もう一つ，自ら目録作業をしなくなったことは，図書館員として，資料について知る，という自己訓練の機会を失ったのではありませんか。それをどう補うかは，今後の大きな課題だと思います。

8) **カード方式の記述の省略**：ランガナタンの原著では，この後カ

ードを使った選書,発注,受入,図書原簿の扱い,除籍などの業務の細部を説明し,カード式がすぐれていることを主張しています。これはかつてのインドや日本の図書館にとっては傾聴すべき意見でしたが,21世紀の事務処理はずいぶん変わりました。本のどこに着目して記録をつくるべきか,という点に捨てがたい面はありますが,本書では省略しました。

9) **目録規則の調整**:この発言から30年を経て,1961年,パリで目録原則国際会議が開催され,やっと実現の運びとなり,ランガナタンはこの会議の特別ゲストとして招待されました。

10) **流通以前に行う分類・目録作業**:今日ではCIP (Cataloging In Publication) と呼ばれ,出版物そのものに書誌情報を印刷する方式が各国で採用されています。これに加えて,ISBN(国際標準図書番号)とISSN(国際標準逐次刊行物番号)の活用や,オンライン書誌データベースの利用などによって,館内作業の省力化と図書館間の相互協力活動が大きく推進されました。

11) **ラルフ・ショウ** (Ralph Robert Shaw, 1907-1972):シェラやショアーズと並ぶ1960年代米国図書館界の指導者。ラトガーズ大学図書館学部長,ALA会長,出版社スケアクロウの創始者として図書館学文献を出版。機械は人を日常の単調な反覆作業から救うためのもの,という信念のもとに,各種の図書館機器を創案。1940年には写真による貸出システムを開発しました。

第7章　第五法則
《図書館は成長する有機体である》
A Library is a Growing Organism.

　《成長する有機体》とは,いかにもこの五法則の最後にふさわしい,格調高い表現です。しかしそれは何のことを言うのでしょうか。ここで不得手な文法を持ち出すのはどうかとは思いますが,最初のAは,「図書館というもの」を意味する不定冠詞と考えます。Growingの意味はこの章全体で考えることとして,Organismとは何でしょうか。五法則の日本語表現としては有機体のままでよいと思います。しかしわれわれがもっと日常的にイメージできる言葉で考えるとしたら,「生命体」という言葉が浮かび上がります。そしてこの五法則の叙述の特徴として擬人法があることを考え合わせると,この生命体とは,人間を手がかりとして考えることができるでしょう。つまり,図書館というものは人間と同じように成長し,社会に働きかけ,社会からの影響を受けて,自分というものを人とのかかわりの中で確かめていく,そういう存在だと考えることができます。

　さらにこの生命体を,an Organismと考えると,この図書館という生命体は地球上にたくさんある生命体のうちの一つであり,それが生存するためには「成長」を条件とすることになります。ここから「人間という生命体」を通して,図書館を客観的に,他の生命体と比較しながら見る,という立場が生まれます。そこで,自然科学や社会科学,あるいは人文学上の成果を援用して,図書館とは何か,いかにあるべきか,を考える立場が開けることになりましょう。

　それは第一から第四法則の上に成り立ちます。著者自身が述べているように,第四法則までは図書館管理・運営を主とする考え方です。それを基礎とし,材料とし,また力として第五法則があります。

そこで本章では，まず，その成長の姿を，本の増加とそれに伴う図書館施設の拡張と備品類の増加；目録と分類；読者と貸出；職員；図書館の将来などの面から検討します。次に第8章からの補足において，その後の図書館の新しい種，つまり保存図書館と利用を主とする図書館の形成に及び，さらに大図書館から分離・独立しながら，なおそれを核とする図書館群の緊密な連携によって活動する新しい図書館組織の可能性にも言及しています。そして図書館が成長する生命体であることは，この五法則もまた成長し変化する生命体であることを示しています。70節の冒頭で，「この五法則について考え，行動する場合，われわれの見解を常に修正する必要がある」というのは，まさにそのことなのです。

この生命体としての図書館は「すべてに通じる教育の手段」だとランガナタンは言っています。ここでの「教育」は，広く人の成熟と成長とにかかわること，と考えたいと思います。学校の授業の形式とその記憶にとらわれての「教育」ではなく，生涯にわたっての人の成熟にかかわることが「教育」であり，そのために図書館が働くのです。

そういう図書館では，本と読書の間にお金を介在させてはならない，つまり図書館の利用は無料であるべきだ，とランガナタンは強く主張します。その主張を原著の第8章から引いて本章の末尾に加えました。

70　はじめに

第一法則から第四法則までが図書館の働きを扱うのに対して，第五法則がわれわれに語るものは，図書館が社会的な機関としてきわめて重要かつ永続的な性格を持つことです。そしてこの第五法則について考え，行動する場合，われわれの見解を常に修正する必要があることを示しています。

また第一〜第四法則は，図書館の管理運営を特徴づける考え方を示すものですが，第五法則は図書館の計画や組織を考える場合に，その考え方のよりどころとなる基本的な考え方を表明します。第一〜第四法則はわかりやすい言葉でその理（筋道）を示したのですが，第五法則はそれほど自明とはいえないかもしれません。

第五法則の表現：第五法則は《図書館とは成長する有機体である》といいます。生物学においては，成長する生き物だけが生存し，成長を止めた生き物は硬直化し，死滅するといいます。図書館は社会の機関として，成長する生き物の持つすべての属性を持ち，新しいものをとりいれ，古いものを捨て去り，大きさを変え，新しい形態をとるのです。突然変異を別にすると，生き物はゆっくりと，しかし継続的な変化をし，新しい形に進化していきます。変化こそが生きることの不可欠な原則であり，図書館もまた同様なのです[1]。【701節】

71　成長

　まず大きさの変化を見ましょう。図書館で検討の対象とするのは，本，読者，館員で，これが近代図書館の3要素です。読者がいないコレクションを図書館とは呼ばないのと同様に，適切な読者に，適切なときに，適切な本を提供する図書館員がいてこそ図書館なのだ，ということをはっきり認識する必要があります。図書館主管当局がこういう要素の成長に無関心であるのは驚くべきことです。図書館は静止的であって，本も読者も館員も数が増えるのではないという見方ほど

非難に値するものはありません。この考えは図書館だけでなく，その他の機関をも含めて，その成長を妨げています。図書館が小さかったときの組織のままの考えで成長後も運営しようとすれば，必ず失敗します。図書館の組織は，現在の大きさにとらわれてはならず，その計画は図書館の成長に適合し得るように計画すべきです。そこで図書館の3要素のそれぞれが図書館組織の成長とどうかかわるか，検討しましょう。

本：活動的な図書館の蔵書数は増加しなければならず，また実際に増加するものです。最終的な決定は財政当局によるのでしょうが，**世界の主要国**の1927年現在の本の年間出版点数を考え合わせて，図書館の蔵書の増加への理解を求めたいと思います。

　世界の本の出版点数：主要14か国中の3国では：
　　ロシア，36,680　ドイツ，31,026　日本，19,967
　インドでの出版点数：17,120
　図書館の受入冊数：米国議会図書館　202,111 冊
　　　　　　　　　　　マドラス大学図書館　5,628 冊【711 節】

書庫と備品：まず蔵書の増加が図書館建築に及ぼす影響について考えましょう。書庫は，その広さ，その位置と利用との関係，書架，書架部品，棚板，書架見出し，その他本を排架するためのさまざまな用品などを，蔵書の増加は不可避だという観点から検討しなければなりません。

書庫の規模：これについて第五法則がデータを提出すると，いつも図書館主管当局の控えめな見積もりを上回って当局者

を驚かせます。マドラス大学図書館では1911年に翌年の増加を含めて150㎡，その後の25年間のために150㎡を必要とし，1922年にはさらに150㎡を要求しました。1930年には書庫の高さを半減し，440㎡で4層の書庫を設計しました。1911年の7,000冊が70,000冊に増加するためでした。

将来への準備：エール大学の計画は第五法則に基づいています。総合図書館は現在の要求ばかりでなく，できる限り将来の要求に適切に対応することが求められました。開館時の300万冊を排架し得るのはもちろん，400万冊への増加分の準備が必要とされたのです。

アルコーブや中二階に本を収めることは，第五法則の考え方にはそぐわず，廃れました。書庫建築の発達に伴って，**書庫塔**形式が生まれました。これは閲覧および事務部分とは分離して，多層の書庫をつくるという形です。

書庫の設計にあたっては，将来の拡張を容易にするように計画する必要があります。平面的に伸びるのが難しい場合は，書庫の基礎を丈夫につくり，上に増築することができるようにすることが望ましいでしょう。【712節】

書架：書庫に入れる組み立て式の書架は，その規格をすべて同じにします。後からの追加が容易だからです。特に棚板は互換性が必要ですから，同じ寸法でなければなりません。棚板は高さの調節ができるようにします。本は増加するに従って，その主題の順序を崩さずに棚から棚へと移動させます。そのために棚板の互換性と書架の調節性が必要なのです。これは第五法則と主題別排架とを総合して考えると理解しやす

いでしょう[2]。【713節】

棚見出しの移動：本が棚から棚へと移動すると，それにつれて書架上の本の案内をする棚見出しも頻繁に移動することになります。これは20冊に1枚程度が平均的な使い方ですが，最も簡便で安価な方法は，棚板の前面に2cm幅で溝を2本刻んでおくことです。次に目録カードの裏を使って高さ2cmの細長いカードをつくり，分類記号を記入してこの溝に差し込みます。本を移動するときには，ただこのカードを新しい位置に差し込むだけでよいのです。【714節】

雑誌室：第五法則の観点から慎重な設計が必要なのは雑誌室です。成長を続ける図書館にとって，現在刊行中の雑誌の増加は避けることはできません。マドラス大学では，1908年の160タイトルが1931年には913タイトル，5.71倍に増えました。イリノイ大学では1900年の414タイトルが1924年には9,943タイトル，24倍です。1930年代初頭に世界で刊行されている科学雑誌の数は25,000以上，他の分野の雑誌を含めると60,000を超えるといわれています。【715節】

雑誌閲覧テーブル：第一〜第四法則の全体，特に第三と第四法則とを満足させるためには，図書館のすべての雑誌の最新号を分類別にして，雑誌室で展示する必要があります。この部屋は十分に広く，かつ便利な位置にあり，拡張できるように考慮すべきです。雑誌閲覧テーブルは，長辺に沿って片面ごとに少なくとも6冊の雑誌を，閲覧部分を残して手の届く位置に並べます。そして一列ごとに奥に向かって高くなるよ

うに段をつくります。そこに表紙がよく見えるように雑誌を置くのです[3]。【716節】

建築の新しい原則：第五法則を実現するためには，図書館サービスが自由に展開できるように，図書館の建物や家具・備品類の設計に弾力性が必要です。それにはモジュラー・プランとか，ドライ・コンストラクションのような，新しい原則が導入されています[4]。【717節】

72　目録室

　蔵書の増大に伴って，十分なスペースを必要とするのは，目録室です。標準的な目録カード・キャビネットは，約58cm × 71cm の床面積を必要とします。これには 48,000 枚のカードを収めることができます。第二～第四法則を満足させるためには，1 冊につき 6 枚のカードを必要としますから，このカード・キャビネットの収容枚数は 8,000 冊分に相当します。したがって，成長を続ける図書館は，目録カード・キャビネットの数がこの割合で増加すると考えられるのです。図書館の設計には，この第五法則の要求による増加と拡張とを考えなければなりません。その上，第四法則は，この目録室を書架室の入口に置くべきだと主張するでしょう。

目録の物理的形態：《図書館は成長する有機体》であるならば，目録もまた成長します。その記入の数は蔵書数の 6 倍です。これを冊子体に編集すると，年間 6,000 冊の増加に対し，本 1 冊を 1 記入として 1 ページに 20 冊分，計 300 ページ，

索引と分出記入を加えると1,800ページになります。この編集には時間がかかり，しかも累積版を毎年つくる必要が生まれます。図書館としては決して有効な方法ではありません。しかし変化のない図書館に慣れた人は冊子体を喜び，成長する図書館のやり方はことごとに不満の種となるようです。そこで説明をしようとすれば，それは専門家の暴力だ，といって聞こうとはしない場合があります。それは大量の蔵書の圧力のゆえか，あるいは第五法則の要求が厳しいからかもしれません。図書館の専門家は，暴力どころか，決して図書館に好意的ではない状況のもとで，読者のために何をなすべきかを常に摸索しているのです。

この冊子体印刷目録を学生に買わせるカレッジもありますが，その考え方は図書館の経済的・効率的運営と齟齬します。手書きしか方法がない時代，目録記入を必要枚数だけ書き，**ノートに糊づけ**をするというやり方もありましたが，本の増加には対応できませんでした。**ルーズリーフ式**で1枚にいくつかの記入をする方式や**加除式バインダー**による1枚1記入方式も生まれましたが，紙が薄く，扱いにくいものでした。
【721-725節】

カード式目録：こうした過程を経て，カード式が導入されたのです。その大きさは5×3インチが適当とされます。このカード1枚に1記入とすることによって，排列の順序が正しく維持されるのです。カードは繊維の詰まった丈夫なものを使い，その厚さは100枚で1インチ（2.54cm）ほどのものが適当です。このカード・システムは，加除式と同様，図書館という仕事が実業界に影響を与えた画期的なもので，あらゆ

る種類の記録の処理に役立ちます。【726節】

書架目録：書架上に本が並ぶ順序で記入を排列したものが書架目録です。第五法則の影響のもとに帳簿式からカード式に変形し，図書館の蔵書点検に不可欠です[5]。【727節】

73　分類体系

　第五法則に照らして検討すべき重要事項に，本の分類があります。「図書館が成長する有機体」であるのは，知識自体が成長するからです。セイヤーズは次のようにいいます。

> 分類とは過去から現在までの広くかつ多様な知識を含み，さらに近年現れた波動力学をはじめとする自然科学や工学の用語，社会学のすべての主題などを，昔からの記憶の中に取り込まなければならない。現行のすべての分類法はこの点から再検討を要する。その上弾力的で展開性に富み，最高の包容力を持たなければならない。

十進記号：分類法に使われる記号は完全にフレキシブルでなければなりません。デューイの十進分類法が小数点を採用したのは，図書館学に対する大きな貢献でした。LC分類法はフレキシブルではなく，展開性がありません。それゆえに第五法則の求める図書館の成長には不便です。小数点を使って展開する記号法は，考え方を明瞭に示すことができ，著作の章や節の見出しに使う著者もいます。【731節】

標準分類法：自館でつくった分類法で第五法則の要求を満た

すことは，たとえ区分の開放性や記号のフレキシビリティを採用したとしても困難です。図書館の成長途上に，思いがけない障害が起こることがあるからです。分類法をつくりあげることを軽く考えてはいけません。古い分類法は，10 か 20 の主類を定め，本はその中で受入番号順に排架されていました。それは図書館の成長につれてすぐに役に立たなくなりました。こういう分類法を考えたのは，第五法則を知らなかったからです。それを避ける最良の方法は，すでに定評のある既製の分類法を採用することです。その中で一番よく知られていて，長い間使われてきたのは DC と LC との二つです[6]。【732 節】

コロン分類法：ランガナタンはコロン分類法という新しい分類法をつくりあげました。これはマドラス大学図書館その他インドの図書館で採用されました。数字と記号とアルファベットによる混合記号を使い，数字の十進的使用による柔軟性という長所を十分に取り入れています。主類を示すのには，アルファベットの組み合わせを注意深く使い，分類の交錯を避けて区分の一貫性を求めた結果，各区分が融通性に富んでいます。過去 30 年にわたるコロン分類法の発展は，主題を三つの分析法から見ること，つまり存在の相と，その面と，地域とでとらえるという方法を生み出し，分析合成型，あるいは分析総合型の分類法と呼ばれています。これは第五法則の要求を大きく満たすものといえましょう。【733 節】

分類法の変更：ここではあえて実務の細部にわたることを述べましょう。図書館がその分類法を変えることは，決して簡

単なことではありません。本や目録記入に書き入れた請求記号は，12か所に上ります。それを全部書き直すという労力，時間，および費用は想像以上です。【734節】

分類法の恣意的使用：上述した実務上の困難があるので，分類法の部分的採用はしないほうがよいでしょう。第五法則の意味，つまり「図書館は成長する」ということをよく理解していない図書館では，DCの3桁か4桁までしか使わないことがよくあります。しかし図書館が成長すると，より詳細な分類が必要となり，分類記号変更の必要が起こります。図書館が小規模であったときのやり方は，成長後にはあまり役には立たないのです。将来を見ることが大事です。最も賢明な方法は，採用しようと思う分類法を，あちこち修正などせず，そのまま使うことです[7]。【735節】

74 読者と本の貸出

読者数の増加によって，下記のことが影響を受けます。
1. 閲覧室の大きさ
2. 貸出方法
3. 安全対策

閲覧室：その広さについて，第五法則は常に図書館主管当局の考えを上回る数字を提出してきました。マドラス大学の場合は1911年に134㎡で十分とされましたが，1926年には737㎡を要求するに至りました。エール大学では5種類の閲覧室に約1,000席を備えています。【741節】

貸出業務の増大：読者の増加は，貸出業務の増大をもたらします。マドラス大学では1914年の貸出冊数は5,000冊でしたが，1930年には113,000冊（22.6倍），コロンビア大学では1905年の232,000冊が1924年に1,206,000冊（5.2倍）となりました。

　英国の市立図書館の事例は，なお増加の可能性を示します。人口に対する登録者の率が90％に達するのが第二法則の目標とすれば，まだ利用**増加の余地**があるといえるでしょう。各館の登録率は，8.7％～30％，さらに60.3％に達する図書館もあります。【742節】

開架制：従来の書庫出納式では貸出の増加に対応できません。開架制が第五法則の要求に耐え得る唯一の方法です。従来の**帳簿式貸出システム**は多くの読者の要求に応じられなくなり，**複式カード・システム**が生まれました。これによって煩雑な貸出手続きは解消しました。そして読者は，貸出券によって借り出した本に責任を負うとともに，貸出券をきちんと保管して，他人が利用することのないようにするのがその仕事となったのです。【743-745節】

平らな床：第五法則による貸出の増加は，図書館の設計にも影響を及ぼしました。貸出冊数の増加は，書架に戻す本が増えることを意味します。そこでブック・トラックが必要になりました。そのためには床に段差がなく，車輪がスムースに動かなければなりません。排架すべき本が各階に分散しているときは，ブック・トラック用のリフトを設置します。リフトの床は各階の床と同じ平面とします。【746節】

安全対策：開架制をとって読者数が増加すると，手続きなしでの本を持ち出しが深刻な問題となります。その防止のための安全管理のシステムが必要になってきます。それはまず図書館への出入りをただ一つの入口と一つの出口とに限ることです。その出口のドアは普段は閉じていて，カウンターの係員がそのロックを外したときだけ開くようにします。読者が出た後は自動的にロックされます。その他の出入口や窓は，本を通さないように目の細かい網戸とします。読者は閲覧した本を自分で書架に戻すことは許されず，一定の場所に置くようにします[8]。【747節】

開架性の安易な導入による弊害：安全対策の問題は，読者数と貸出冊数が少ないときはあまり意識されませんが，図書館が大きくなり，貸出冊数が増えるにつれて深刻な問題となります。おそらくその最大のマイナス要因は，開架制の軽率な信奉者が，安全確保の必要を無視して開架制を導入することにあるといえましょう。図書館が大きくなって，亡失図書数が一定限度を超えると，開架制自体が非難されてしまいます。こうした見通しの誤りは，ごく初期のうち，つまり図書館が小さいうちに回避すべきです。図書館は成長する有機体の一つであって，着実に，ほんの少しずつ成長していく生き物なのです。小さいときの問題を成長後にまでそのまま持ち込むべきではないでしょう。【748節】

75　図書館員

　第3の要素は館員です。第五法則の正しさを本や読者の点

では理解する人でも，館員の成長の必要性を認識する人は少ないものです。図書館は，安全管理を施した開架制と新しい貸出方式とによって，カウンター係員の数を削減し，館員数全体の数を抑えたのです。しかし図書館の成長につれて，本，雑誌，目録・分類，製本，レファレンスの各部門の館員を充実しなければなりません。この5部門のうち最初の3部門は第1の要素，つまり蔵書の成長につれて大きくなります。残りの二つの部門は，蔵書の増大とともに，読者数の増加によって仕事が増えてくるのです。

　第五法則は図書館主管当局に対し，この5種類の部局に館員を配置し，それぞれの業務を充実発展させない限り，図書館の有効性は維持できない，と強く主張します。

専門分化：仮に図書館主管当局が必要な増員を認めたとすると，それがまた新しく解決すべき組織上の問題を提起します。職員数が増えれば，管理要員が必要になるからです。そこで長たる人は，管理の仕事の肥大化を抑え，図書館の専門的な仕事をする人の比率をできるだけ高めることをその任務としなければなりません。それは，その規模にふさわしい専門分化をすることです。これは，スタッフが増えたときに一歩ずつ進めるのが適切です。【751節】

漸進的な専門分化：スタッフが1人から2人になったら，カウンターの仕事とレファレンス・サービスを他のすべての仕事から切り離して，2人のうちの1人に任せます。次の段階では，三つの部門，つまり管理；技術（目録・分類）；カウンター・サービスに分けます。次の機会にレファレンス部門

を設けます。もっと人員が増えたら，管理部門を，発注・受入・雑誌・製本・経理・渉外などに細分します。同様に技術部門も，目録・分類の二つに分けます。もしレファレンス部門の館員がそれぞれの主題を専門に担当するようになれば，大きな進歩が得られるでしょう。【752節】

部内の人事異動：スタッフを多くの係に分けるときには，一人ひとりの館員について，体力的，専門的，および性格的にその仕事に合うかどうかを注意深く判断する必要があります。館員の立場からいえば，係の間の定期的異動は望ましいかもしれません。しかし一人ひとりがその仕事についての能力を十分に発揮できるときにこそ，図書館が最高のサービスを生む，という原則を重んじるべきです。【753節】

館内連絡会議：大きな図書館では館内連絡会議が有効に働くと思います。その構成員は，館長，各課長，各課からの代表者1名ずつです。この会議は以下の事項について協議し，館長に進言することを目的とします。
 1．図書館資料，エネルギー，および時間の効率化と経済性とに留意しながら，各課の業務を組織化する。
 2．各課間の関係を改善，解決する。
 3．図書館資料の充実を，調和のとれた方法で実現する。
 4．読者サービスの方法の改善案を立てる。
 5．すべての図書館普及事業を組織化する。【754節】

課内会議：この種の会合は，館員間に仲間意識と協力の精神とを育て，若いメンバーが組織と独創性とを学ぶ機会になり

ます。また，責任感と自分が持つ権限についてのセンスとを養います。館長はできるだけこの会議に出席し，討論に加わるのが望ましいのですが，会合は課長に主催させ，決議には参加しません。【755節】

ミツバチの精神：図書館は一日中，しかも長時間開館しているので，レファレンス係とカウンター係の体制は最高の熟練と配慮とを必要とします。それは無条件でこの仕事の連続性を保つためであり，また館員の交代によって仕事上の混乱をいささかも生まないようにするためです。館員の交代の事情などは，読者にはかかわりはありません。その詳細は *Reference Service and Bibliography*（1940）と *Library Administration*（1935, 1959，ともに SRR 著）に譲りますが，ここでは，館員としての基本的な考え方について述べておきましょう。館員は，仲間同士で分け隔てなく，心から付き合い，すべての点で協力しあうべきです。妬みや羨望などはいささかもあってはなりません。自分の意見や利益を独占しようとする性癖は，完全に克服すべきです。館員全部が自分の名を出さずにすべての仕事をするつもりになるところまで個の主張を控えるべきです。第五法則の実行によって生じる不都合を避けるためには，メーテルリンクの『蜜蜂の生活』に示される「蜜蜂の精神」を館員が共有することで克服しなければならないのです[9]。【756節】

76　発展

今までは大きさの点だけを見てきましたが，次に成長する

有機体としての他の属性，すなわち変容と進化とを検討しましょう。

初期の段階：昔は本を隠す場所でした。次には文字通り本のの牢獄でした。囚人同様に鎖でつながれていたからです。17～18世紀に至って鎖からは解放されましたが，それは図書館の中だけの**制限された自由**，つまり読者に対しての働きかけは館内閲覧だけでした。それから徐々に，躊躇しながらの貸出が始まりましたが，財産の保全という意識が強く，在庫調べをして亡失冊数や破損本の冊数とその責任および処理などを記録するだけでした。図書館の登録者数，図書館とはかかわらない町村の率，地域への図書館普及の手段などはまったく顧みられなかったのです。つまり**蔵書保存に対する利用**という考えはまったく無視されました。そして20世紀初めに起こった緩やかな変化は，第一次世界大戦によって大きく変化しました。**現在の段階**では，組織としての図書館は高度に特殊化し複雑になって，その性格は古代中国の「本を隠して置くところ」とはまったく異なったものとなったのです[10]。

【761-764節】

将来：今後，この「成長する有機体」がどういう段階に向かうかは誰も予想し得ません。知識の伝達は図書館の基本的機能ですが，それが将来，本以外の手段によって達成されないとも限らないのです。少なくともウェルズ（H. G. Wells）は，知識の伝達は言語あるいは印刷された言葉という媒体を使わずに，直接の思考の移転（転送）による世界がくると考えました。インド古代の伝統は，沈黙のうちのコミュニケーショ

ンの絶妙さを描いてさえいるのです。【765節】

図書館のさまざまな種類：それはそれとして，図書館という組織が今日どれほど多様であるか，そのさまざまな現れ方を見てみましょう。市立，町村立，学校，カレッジと総合大学，実業，商業，海員，児童，最近出現した青少年向き，目の不自由な人やその他の人々のための専門図書館などがあり，図書館としての共通の性格に加えて，それぞれに解決すべき問題を抱えています。【766節】

77　基本的な考え方―活力の源泉

　図書館の種類が変わっても，すべてに共通なもの，そして今後においても特徴として存在し続けるものがあります。それは図書館がすべてに通じる教育の手段（instrument）であり，教育に役立つすべてのものを集め，自由に伝達し，これらの手段とともに知識を伝播することです。この基本的な考え方，つまり図書館の精神というべきものは，図書館のすべての形式の中に共通に存在するものであり，いわば「内なる人」と言えるでしょう。それについてインドの神の言葉があります。

　　　　古い衣服を脱ぎ棄てて，新しい服に着替えるのと同様に，体の中の精神は，破れた服を脱いで新しい服を着る。それでも同じ精神。

　　　　武器も彼を切り裂くことができず，火も焼くことはできない。水も濡らすことができず，風も乾かすことは

できない。

彼は切り裂かれることなく，焼かれることなく，濡らされることなく，乾かされもしない。彼は永遠であり，すべてに行き渡り，断固として不動である。彼は常に同じである[11]。

85　第五法則とその多様な意味
[第8章からの補足]

1931年においては，第五法則はたった一つの意味でしか解釈されませんでした。本書の第7章は「子どもの成長」，つまり体の急速な発育と受け取られたものです。しかしそれは別な意味を持っていました。「成人の成長」，つまり体の大きさはそのままに，内容が変わるという成長です。この二重の含意は，二つのタイプとして現れ，一国の図書館組織の形成のために重要な原則を導き出しました。その一つは「保存する図書館」であり，もう一つは「サービスする図書館」です。この区別は，*Library Book Selection*（SRR著，1931）で初めてはっきりと取り上げられました。

保存図書館：この種の図書館は，増築，書架，維持費などを継続して必要とするため，その数に経済上の制限があります。

国立中央図書館は保存図書館であるべきです。国が大きくなければ一つで十分でしょう。たとえ大国でも半ダースを超える必要はありません。インドのような多言語国家では，憲法改正権を持つ州において，その州の出版物を保存するため

には州立中央図書館が必要です。

　市立または県立図書館，あるいは大学図書館は，利用を主とする図書館です。特に地域資料のコレクションを除いては，保存の責任を負う必要はないでしょう。

　一国が二つまたはそれ以上の保存図書館を持つことになったら，──インドではさらに三つの図書館を持つこととしていますが──資料の一部あるいは全部をマイクロ化するのが経済的だと思います。

　保存図書館のモデルの具体例は，*Library Development Plan*（SRR 著，1950）に示しましたが，マイクロフィルムによる保存については改訂の必要があります。あるいはそれは図書館主管当局が判断すべきことかもしれません。【851 節】

利用を中心とする図書館：これは，蔵書冊数，読者の数，スタッフの処理能力およびそれに伴う建物や設備の点で，限界があることを認めなければなりません。年間の収書数と除籍数は，最終的にバランスをとることを考えます。

　利用を主とする図書館は，除籍しようとする本のすべてを保存図書館に通知する義務があります。保存図書館は，集められた複本の中から保存に値する条件を持つ数冊を蔵書に加えます。これは国際的なレベルにおいても同様です。【852 節】

種の形成，第3の意味：第五法則の第3の意味は，進化の成立から絶滅までをたどる系統発生を図書館に適用して考えることです。これは卵から発生して成長し，死亡するまでの個体発生とは異なるものです。この第3の意味は，特定の機能を特徴とする専門図書館の発生を強調し説明することにあ

ります。これについては，*Preface to Library Science*（SRR 著, 1948）に詳細に説明しています。つまりある種においては，ある機能は進んだ働きを持つけれども，他の機能はそれほどの能力を持たないことがあるのです。それと同様な現象が，サービス指向の図書館と保存指向の図書館の間でも見られます。さらに，サービス指向の図書館の中では，マクロ的資料とマイクロ的資料の相対的重要性も見出すことができます。それは，知識を広く求める人と，専門を掘り下げる人という点から説明できるでしょう。こうした現象は，自然界の分類上の各門における相違とよく似ています。この第3の意味は，ドイツ・ババリア州立図書館のムラロット博士によって展開されました。【853 節】

第4の意味：ムラロット博士はさらに第五法則の4番目の意味を見出しました。それは社会的生命体の4番目の属性から生まれました。人の家庭は分離独立していくけれども，なお本家と分家の緊密な関係を保っています。それと同様に今後，効率的なサービスと便宜とのために独立しかつ緊密に連絡し合う図書館像が，従来の画一的な図書館像に取って代わることが考えられます。図書館サービスに対する社会条件と社会的圧力との中で，この考えはなお検討が必要です。【854 節】

ファーミントン・プラン：これは10年ほど前にアメリカで成立した計画で，第五法則の4番目の意味と一致する段階を示しています。つまり図書館の新しい種類の成立のための新しい実験であって，国立中央図書館と一般の市立または県立中央図書館との中間を行く大きなサービス機能と保存機能と

を持っています[12]。【855節】

分類索引記入の増大：第五法則は図書館の細部にわたることにでも光を与えます。それを説明するのには，図書館の目録における主題検索ファイルについて語るのが適当でしょう。これは，標目や副標目を構成する単語の順序を換えて索引を作ることができれば，その有効性が増大する，という考えです。このことは *Theory of Library Catalogue*（SRR著, 1938）の中で初めて明らかにされました。ここから連鎖索引法（chain procedure）が生まれました。これについては *Classification, Coding and Machinery for Search*（SRR著, 1950）の中で詳細に論じています。この方式は，BNB［British National Bibliography, 週刊］のABC順排列の部分に，その発足時から影響を与えています。この理論は，第五法則による問題点の指摘から生まれたものなのです。【856節】

図書館サービスに金銭を介在させることの危険さ：第二法則が世界中に広まるためには，他の例と同様お金が必要でした。そのお金は住民からくるものです。それは国の租税体系に基づき，地方税，州税および連邦税を財源とします。第二法則は，この三つを財源とすることを望みながらも，州や連邦からの大きな金額には，「ひも」がつくべきではないと主張しています。米国の場合は，世論の厳しい監視が第二法則を守ります。インドでこの図書館法が公布され，法令集に掲載されるまでには，逐次確立されるものと思います。

　第二法則が持つもっと大きな関心は，読者と「彼の本」との間に，金銭を介在させてはならないということです。図書

館サービスを支えるのは，市民一人ひとりが，図書館サービスを使うと否とにかかわらず，きちんと定められた税率によって決定された税額によるべきあって，「これだけのお金を払ったから，これだけの本や情報や書誌についてのサービスを得た」というものではない，つまり金額で左右されるサービスではないのです。

　ところがマドラス州図書館法案の中に，図書館主管当局が読者から予約金ないし会費を徴収することができる，という条文を入れてしまったのです。これはランガナタンが外遊中のことでした。帰国したランガナタンは，教育担当相に問題点を指摘，図書館法施行規則においてこうした徴収をしてはならないと規定することができました[13]。【886節】

図書館の大憲章：1948年，第二法則に強い影響力を持つ図書館からの脅威が与えられました。ユネスコの図書館が他の図書館の資料を使って調査をした場合には，その図書館に経費を支払うという案が発表されたのです。当時ランガナタンは，図書館の専門家による顧問委員会のメンバーでしたから，大要次のようなスピーチをして，その案の修正に成功しました。

　　どんな図書館でも，読者に対し「これだけの金額だからこれだけのサービス」という実例を示してはならない。英米両国とはこの点に関し，100年に及ぶ考察の結果「図書館サービスは無料」という原則を打ち立て，それを実践してきた。自分はこれを「図書館の大憲章・Library Magna Carta」と呼んでいる。各国はこれを生み出した英米両国に謝意を表すべきである。ヨーロッパやアジア

の国々では、図書館が持つ本と、その本を使う人々との間に料金を介在させること、つまり図書館の利用は有料だという古い考え方をなかなか捨てられないでいる。人間というものは何か「利益のあること」に強く惹かれる傾向があるが、この委員会はどんな形であっても、利益に惹かれて、古い習慣を永続させるやり方に手を貸してはならない。

この傾向は、英米両国において長期にわたり排除されてきたため、形を変えて提案されるとその本質に気付かないことがある。しかし他の国の図書館員は、今もそのことで毎日戦っている。この委員会は、「支払いの額によってサービスが変わる」という考えが現れたときはいつも、すぐに反対しなければならない。そこでこの提案は、第二法則に抵触しないよう、かつこの図書館にとって適切なサービスができるように改めることを提案したい。

実際、図書館員一人ひとりも、図書館も、社会の一人ひとりも、図書館の本と読者との間に金銭を介入させることを避けるため、細心の注意をする義務と、図書館の大憲章を文字どおりに実行し、かつその精神を守り抜く義務とを、第二法則に対して負っているのである[14]。【887節】

注
1) **生物の存続**：米国の教育学者 J. デューイは『民主主義と教育』（*Democracy and Education*, 1916）の冒頭で次のように言います：
　　生物と無生物との間のもっとも著しい差異は、生物が更新に

よって自己を維持するということである。… 生物は圧倒的な力によってたやすく押しつぶされるかもしれないが，それでも生物は自己に作用するエネルギーを自己の存続のための手段へと変えようとする。それができなければ … はやある特定の生物ではなくなってしまう。（松野安男訳）

　この考え方からも，図書館が《成長する有機体》であるためには，図書館についての省察を，歴史，社会，経済，科学技術，そして読者の求めるものという観点から検討し，自らを変革する必要があることになります。それによってこそ図書館は，ランガナタンが主張するように，「ゆっくりと，しかし継続的な変化をし，新しい形に進化する」ことができるのだと思います。

2）　**書架の調節性**：今日のスチール製書架の場合，2.5cm，木製書架で 1.25cm の間隔で高さの調節ができます。

3）　**雑誌閲覧テーブル**：ランガナタンは閲覧テーブル上に雑誌の書架を置く構想ですが，今日では，雑誌架と閲覧テーブルとは別にし，雑誌架の周囲に目的に応じたいすや机を置く例が多いと思います。

4）　**モジュラー・プラン**（Modular Plan）：建築上一つの基準となる寸法単位（Module）を定め，それを基本とした設計をいいます。柱間隔を一定にし，固定壁よりも可動間仕切りを多く採用し，将来の図書館サービスの変化に対応できるように考えるのです。そのため床の荷重強度を書庫と同じにするなど，建築単価が高くなる問題もあります。**ドライ・コンストラクション**（Dry Construction）とは，Dry Wall Construction ともいい，内部の壁を作る場合，金属か木材で下地を作り，その上に石膏ボードを貼り，塗装やビニール・クロスなどで壁面を仕上げる工法です。この間仕切りは必要に応じて簡単に取り外せます。水を使わないので，乾燥を待つ必要がなく，コストが安くなります。本は湿気を吸うので，コンクリートに含まれる水分に図書館は特に気を使います。こういう有利な点もありますが，建築の質に問題がある場合もあるといいます。

5）　**図書館の蔵書点検**：商品の在庫調べと同じ性格ですが，本は 1

冊 1 冊独自の存在ですから，点検は 1 冊ごとに行います。従来の方法は，2 人ひと組で，一人が書架目録のカード・ケースを持ち，書名や請求記号を読み上げる。もう一人はその本があるかどうかを確認する。もしなければカードを立てておき，後で貸出記録や製本の記録などと対照する。それで所在がわからなければ，亡失の可能性があるものとして，そのカードを一定期間保管しておく，というやり方でした。しばらく時間をおくのは，排架の混乱や事務室での利用，あるいは館内外での置き忘れなど，後から出てくることもあるからです。これはなかなかの労働でした。今日では本の中に差し込んだ磁気タグからの信号を読み取って，複数の本の点検を一度に，そして瞬時にできる機器も開発されています。

6) **DC と LC**：DC は米国の Melvil Dewey が創案した十進分類法で，DDC とも呼ばれています。LC は，米国議会図書館（The Library of Congress）が採用している列挙式の分類法で，大学図書館などでも採用されています。731 節（十進記号）では著者は LC 分類法について批判的です。732 節ではそれを定評のある規制の分類法の一つとしています。これは 731 節では理論的な観点から，732 節では現実の普及状況を主とした見方から，そして 733 節で理論的にも実用的にもすぐれた，つまり自分の理想を満たすものとしてのコロン分類法について述べた，と考えられます。

7) **既製の分類法をそのまま使う**：将来を見通すのは困難です。ここでランガナタンが強調したいことは，地球上の生物の一つとして，図書館もまた必ず成長する，成長しなければ，知識自身の増大に対応できず，消えてゆくであろう，人が生きるために図書館が必要だと考えるのであれば，図書館の成長を確信すべきだ，ということでしょうか。

8) **安全対策**：今の日本では，ブック・ディテクション装置を導入するところが多くなりました。この名称からして，盗難防止と受け取られるのはやむを得ないことですが，一人の読者として見ると，これは図書館内での最大限の自由を確保し，かつ，読者を守る装置だと考えられます。それは，図書館の利用にはさまざまなものが必要だからです。鞄をロッカーに入れて，ただノートとペ

ンだけを持って入館するのはきわめて不便です。図書館の本と対照すべき自分の本も必要ですし、レポートの原稿や辞書、人によっては読書用の眼鏡や拡大鏡など、さまざまなものがいります。また、図書館に行くのは、たった一つの資料を一か所で閲覧すればよいわけではありません。あれを見、これを調べて、館内のあちこちを回ります。そのときに使うものを持ち歩くために鞄が必要なのです。またいったん機械が退館を認めた後では、無断持ち出しの嫌疑をかけられることもないはずです。これは盗難防止よりは、読者の目的達成を助ける機械ということができると思います。この機械の導入以後は、図書館の使い勝手が大きく変わるのです。

　米国の図書館では、出口での所持品検査がありました。図書館での勉強をすませて、使ったものを全部鞄に詰め込んで出口に差しかかると、係員は鞄の底からひっくり返して検査をします。そこでそこを出てからまた全部を詰め直す、という厄介な作業をしなければなりませんでした。この安全装置の採用以後はそれがなくなったのです。図書館の利用がどれほど楽になったかわかりません。

　また、図書館員としても、この検査をするのはとても嫌なものです。この仕事がなくなって、一番ほっとしたのは図書館員かもしれません。日本では、そうした過程を通らずに機械を導入したわけです。そのために、亡失対策の面だけが強調されていると思います。

9)　**第五法則の実行によって生じる不都合**：これまで著者は、4つの法則が出会う困難を述べてきました。それらは、昔からの考えをそのままに守り、新しいことは何事によらず反対する人たちから与えられるものでした。しかしここに至って、第五法則の実行によって生じる不都合（inconveniences＝不便、不自由）があるといいます。これはまた、第五法則にとっての不都合、つまり思い通りにならないことを意味するとも考えられます。それはいったい何でしょうか。

　一言でいえば、図書館が成長し続けることへの人の無理解と不

安，と言えるでしょう。これは案外に根強い反応であって，さまざまな方面から攻撃されます。予算と人員の不足にもそれが現れます。また，図書館が社会の中で無視できない存在になるにつれ，読者のためにという目標を忘れ，図書館という組織の中での自らの地位に満足し，向上を考えない職員が生まれることも避けられなくなります。

　この節の冒頭に著者は，「本と読者についての第五法則の正しさを認めても，館員の成長の必要性を認める人は少ない」と言っています。本節の最終行は，それと照応するものでしょう。つまり，人に館員の成長（数と質の）を認めさせるのは，館員の働き以外にはなく，その働きこそが人の理解を生むのです。

　さらにいえば，「図書館は多くの生命体の一つ」という主張は，この五法則に共通の擬人的な表現でもありますが，内容上は第一〜第四法則の総括です。そしてそれぞれの法則の主張を具体化し，人と社会のために役立つものとするのは，職員です。つまり図書館に生命を与えるのは職員です。職員なくして，図書館は「生き物の一つ」ではありえません。職員とはそういう存在なのです。しかし，第五法則が求める状態が理解されないうちは，その不都合さがすべて職員に降りかかる。それでもその目標をしっかりと見定めて，努力しようではないか，という図書館員への激励と，図書館主管当局や政府関係者に対して，図書館員とは自分のために働いているのではない。読者のために働くという，あなた方が責任を負っている仕事のために努力をしているのだ，という訴え，その両面がここに現れていると考えられます。

10) **本を隠して置くところ**：古代中国の図書館はそうであったとランガナタンはいいます。これはおそらく，大事な書物を秘書といい，それを収めて置くところを秘閣といったことからの影響かと思います。唐朝の王室図書館は秘書省の所管であり，その長官は秘書監，従三品の高官が充てられました。この「秘」とは，「隠す」という意味よりは「大切な」という意味だと思います。秘書省の役割は，貴重な本の保管だけでなく，写本をつくることやその校訂も行ったといいます。ちなみに阿倍仲麻呂は753年，秘書監に

任命されています。その後帰国しようとして難船し，755年に長安に戻りました。もし唐の王室図書館長・阿倍仲麻呂が帰国したら，彼の知識と経験は日本で生かせたでしょうか。

11) **出典**：Ranganathan, *The Five Laws*, 2nd ed. p.353.

12) **ファーミントン・プラン**（Farmington Plan）：米国では第二次世界大戦中，外国の研究文献の入手が困難でした。そのため1948年，60機関の学術研究図書館が協定して，米国の研究者が必要とする外国の研究文献の分担収集と整理および貸出をすることとしました。大戦後はさまざまな状況が変化したため，1972年に活動を終結しました。多くの問題を抱えながらも，この計画が米国内外の図書館協力に新しい時代を開いたことは高く評価されています。ちなみにFarmington Planという名称は，この計画が構想されたコネティカット州の町の名に由来します。

13) **州当局の弁明**：ランガナタンの抗議に対して，「図書館主管当局が閲覧料を取っても<u>よい</u>とは書いてあるが，取れとは書いてはいない。だから問題とするには当たらない」という弁明がありました。もしこの法律がこのまま成立すれば，実際上閲覧料を取ることになり，無料の原則は崩れます。理念を無視して，意味のすり替えが行われたといえましょう。

14) **図書館間での謝金の問題**：調査の要請に応じてくれた図書館にユネスコの図書館が謝金を払うというのは，一見行き届いた配慮と見えるかもしれません。しかしユネスコの図書館から謝金を得た図書館は，他の図書館からのレファレンス・サービスの要請に対して，料金を請求するようになるでしょう。それでは図書館間の相互協力の考え方が崩されてしまいます。また，一般の図書館は読者からの要求に料金をとるようになるでしょう。無料の原則はそこから崩れてしまいます。ランガナタンはそこを予見したのだと思います。

　一方，図書館協力の初期においては，レファレンス・サービスは本をたくさん持つ大図書館に集中し，悲鳴を上げたくなるものです。そこで理念をとるか，Mammonの神（173節）に従うか。我々の先輩たちは，一貫して理念をとり，今日に至ったのです。

▼講演中のランガナタン博士

第 III 部

ランガナタン博士を
めぐって

五法則についての私なりの解釈を述べましたが，実はランガナタン博士にお目にかかったことはないのです。博士が来日された1958年は，私が図書館で働き始めてやっと5年目，講演会があることを知って博士の謦咳に接したいと思いながらも，駆け出しの図書館員にはとてもできないことでした。私が学んだ米国の図書館情報学大学院には，2校ともに博士を迎えていますが，時期が違いました。つまり私は博士の周辺をただ巡り歩いていたにすぎません。ここではその「巡り歩き」の一端を語っておきたいと思います。

1. 令息との出会い

　1970（昭和45）年のことです。戦後二度目の海外旅行の機会をやっと得て，羽田から出かけました。隣の座席にインド人らしい人がいて，私が持っていた米国の雑誌（*Library Quarterly*）に気づいたのでしょう。「日本の図書館員か」と話しかけてきました。しばらくお互いの国の図書館の様子などを話し合ううちに「日本の図書館員なら，自分の父親の名を知っているだろうな」と呟くように言います。私は驚きました。そんなことを初対面で言えるのは，ランガナタン博士よりほかにはない，と思ったからです。でも間違えては失礼と思い，父親とは誰か，と聞きました。「ランガナータン」というひとことが返ってきてうれしくなった私は，「あなたはあの高名なシヤリ・ラマムリタ・ランガナータン博士の令息でしたか」と申しました。今度は彼が驚く番でした。「どうしてあの長い名前を全部知っているのか，自分の学生時代にはランガナータ・ヨーガシュワリという名前が長すぎるといって，ラングとしか呼ばれなかったのに」といいます。私は

そこで胸を張って,「あなたのお父上は,そのすぐれた業績のゆえに,日本の図書館人は全部その名前を知っている」と申しました。言ってしまってから,「全部」とは,少し言いすぎだったかな,という気もしましたが。

　この人も隣に座ったのが図書館員だと知ってその偶然に驚き,ふと口に出たのでしょう。父親の名声を誇るという感じではありませんでした。それでもそういう言葉が出るのは,ランガナタン博士なればこそです。その仕事の大きさを改めて考えさせられました。博士がなくなったのはそれから2年半後,米国で再度の学生生活を送っていた私は,インド人の同級生とともにこの巨人の逝去を悼んだことでした。

　羽田での出会いから39年たちました。この本の中にぜひランガナタン博士の写真を入れたいと思いましたが,逝去後37年もたってからでは,どうしたらよいかわかりませんでした。博士の著作の版権を持つサラダ・ランガナタン図書館学基金から出版についての了解を得たのちに,「令息ヨーガシュワリ氏の住所は？」と聞いたところ,その晩のうちにメールが来て,現在はルクセンブルク在住と教えてくれました。

　すぐに手紙を出しました。令息もあの出会いを覚えていて,博士の伝記の中に書き入れた,と言ってきました。それからメールのやり取りが始まり,自著の伝記とともに,何枚もの写真が次々と送られてきました。本書に掲載したものは,すべて令息からのものです。博士の愛弟子カウラ教授が編纂した伝記にも載っていない写真ばかりで,特に博士の執筆中の写真は貴重です。また,当時の日本図書館界の指導者であった,裏田武夫,加藤宗厚,関野真吉,中村初雄の諸先生のお姿も見えますが,もうどなたもおいでにはなりません。そ

ういう写真を掲載できたのが，あの飛行機の中の出会いからとは，まったく不思議なことです（口絵参照）。

2. 名前のこと

その出会いの話を読んで，おや？と思われたことでしょう。本書の中で私は，博士のことをランガナタンと書いてきました。しかし私たちの会話は「ランガナータン」でした。いったいどっちなのだ！といわれそうです。インドの人の名前の読み方もその構成も大変わかりにくいものですから，令息の著書を頼りに，この父子の名前を並べてみましょう。

	出生地名	父親の名	自分の名	カースト名
父	シヤリ	ラマムリタ [2]	ランガナータン [1]	アヤッル [3]
子	トリプリケイン	ランガナータ	ヨーガシュワリ	アヤッル

これはインド南部のタミール地方の習慣で，インド全体のものではないそうです。(1) のランガナータンの末尾の "an" とか "ar" という接尾辞は男性を，"ambal" は女性を示します。そこで (2) で息子の名前の前につける父親の名には "an" が付いていません。(3) はカーストの名ですが，この父子は使っていないようです。昔は出生地名がその一族共有の姓の働きをしたのですが，今は人が生地を離れて生活するので，その働きを失いました。さらに今は西欧風の名前の形式をとる人もいて，ますます複雑です。ヨーガシュワリ氏もその一人です[1]。

次にランガナタンかランガナータンか，です。博士自身は

278

ランガナータンと書きます。本書の口絵の五法則の下，ローマ字の下のナーガリー文字がそれで，その下はタミール文字による署名です。これは 1958 年の来日の折の執筆です。

それでも本書では，あえてランガナタンという表記を踏襲しました。一つの言語を他国語で表すのはなかなか厄介です。たとえばインド古代の修行法・ヨーガを日本ではヨガとしていますし，インドのネール首相にも，ネルーとかネヘルという表記がありました。そこで他人と混同する恐れのない限り，その国で定着した表記を使うことにしました。ただし会話の場合はランガナータンの方が通りがよいと思います。

3. ランガナタンはわからない

令息と出会う 6 年前のことです。私は米国の大学院で図書館学を学んでいました。目録法・分類法の上級コースという授業で，学生がそれぞれ既存の分類法を受け持って，クラスで発表することになりました。私にはコロン分類法が割り当てられました。そこでランガナタンの著作のリストや，コロン分類法の仕組みを説明する配布物を用意して，型どおりの発表を終えました。そのあと質問が集中しました。コロン分類法は主題の「面（Facet）」の分析が特徴で，その分析結果を記号化して一定の順序に排列し，分類記号とします。その「面」とは Personality, Matter, Energy, Space, Time の五つです。

たとえば煉瓦で家を造る場合，家は Personality を持つと考えます。そしてその材料（Matter）は煉瓦です。しかし煉瓦を生産するときには，その煉瓦は Personality を持つ，この考えに質問が集中したのです。家に Personality があるのはわか

る気がするが，煉瓦にそれがあるはずはない。煉瓦は Matter にすぎない，というのです。実は私は，この「煉瓦もまたその Personality を持つ」という考えに何の疑問もなく同調していましたから，この質問にはたじろぎました。何度かやり取りを繰り返した結果，「そう思えないという考えがあるのは認めましょう。でも世界には，これをそのまま認める私たちのような人間もいるのです」といって終わりました。

　後で教授が，「ランガナタンの考え方がわからないのは，その独自の考え方を英語で表現するからだ。私たちはそれを普通の英語のつもりで読む。しかし彼の書く意味は違う。もしランガナタンが自分の言葉で書き，それを別な人が英語で解き明かしてくれたら，もっとわかりよいと思う」と申しました。この「普通に英語で考えていることとは違う」という表現の中に，ランガナタンの考え方に迫る何かがありそうに思います。ただ困るのは，英語ではない言語で育った者にとっては，「普通の英語」そのものが，本当にはわからないのです。その言葉で育った人たちが感じ取ることまでは，こちらの理解も感覚も届かないからです。そこでさまざまな角度から考えてみて，解釈を積み重ねるほかはないことになってしまいます。本書もその一つなのです。

4. インド人としての生活と思考

　英国に留学したインド人は，英国風を身につけて帰国することが多かったようですが，ランガナタンは違いました。故国にいるときと同じように頭にターバンを巻いていました。1920 年代の英国ではまだインドの事情がよくわからず，一

目でインド人だとわかる服装は誤解のもとになることもありました。それでもランガナタンは，インド人として生きることを改めず，インドの人びとのために働くという目標を変えず，この習慣を生涯にわたって続けました。その彼を支えたのは古典『ラーマーヤナ』でした。毎朝，英国でもインドでも，この534ページある古典を1節ずつ読み続け，終わるとまた始めから読んで，少なくとも19回に及んだといいます。これは周知のようにラーマ王子とその妃シータをめぐる苦難の物語ですが，これを朗唱することでランガナタン自身を襲う苦難に堪えたか，と思われます。

　さらにランガナタンが数少ない言葉で深い意味を表現する方法をとることについてヨーガシュワリ氏は，ヴェーダその他インドの古典からの影響だといいます。その実例が第二および第三法則です。こういう文章は，読み手にその意味を深く考え，自分の言葉でそれを表現することを要求します。ランガナタンがデリー大学で図書館学の博士課程を開いたときは，学生たちに世俗的なかかわりはすべて捨てて，図書館学の研究に専念することを求めました。インド古代のウパニシャッド時代における師匠と弟子との関係がデリーで再現されたのです。ウパニシャッドとは，真理を求める師と弟子とが「近くに座る」という意味です。師と弟子とが真理を求めて「学びあう」真剣な関係でした。そこで学生たちばかりでなく，ランガナタン自身の思考も磨かれたことでしょう。まことに厳しい教育環境であったと思います。ランガナタン博士は，そういう研究者でありかつ教師であったのです。

　こうした環境の中で，コロン分類法や連鎖式索引法を含む合成分析分類法（Analytico-synthetic Classification）もますます深

められたのでしょう。この考えの基本は，西欧的なものの見方ではなく，現象世界のすべてのものは他物と互いに関係しあって生起し，存在し，変化するというインドの考え方が根柢にある，と思います。この考えを進めていくと，今後の国際的な図書館活動と図書館学の発展に新しい面が切り出せるでしょう。これからは西欧的な思考の世界以外から来た人びとがこの分野に参加してくるからです。

5. これからの「ランガナタン」

英語世界の考え方ではないとか，あるいはインド古来の考え方に立つのだろう，などと考えると，ランガナタンの考え方はわれわれに遠いものになってしまいそうです。

また一方では，ランガナタンは数学を学んでその論理性を養った人ですから，その叙述が厳密で科学的であることは多くの人の認めるところです。そしてこの五法則の示すところは，今日，ユネスコの『公共図書館宣言』(1994) に生きていると令息はいいます。さらにまた，ランガナタンの情報管理に対する考え方が，機械に人を合わせるのではなく，人のために情報管理の機械処理がある，と主張する点で，特にヨーロッパにおいて高く評価されているともいっています。

どれももっともで，それぞれの文化が背景にあり，一概に否定も肯定もできなくなってしまいます。ランガナタンの考え方はこれからどう受け取っていったらよいのでしょうか。

大まかな言い方ですが，人が物を考えるのには，それぞれに考え方の基地とでもいうべき分野があり，それに基づいて考えが形成されます。その分野での発言に終わればそれきり

ですが，他の分野の存在に気づくと，そこに対話が生まれます。そしてだんだんと話合いの広場ができます。そこに人はさまざまな考えを持ち寄り，違う考えと一致するものとを突き合わせ，一致するものを取り込み，話合いの広場を広げていくことでしょう。一方，一致しないものについては，その相違についての研究が始まり，考えの持ち寄りとまとめと分けあいのサイクルがそこに働きます。また，始めは一致すると思ったことが，実は根柢で異なることが明らかになることも，その逆も起こります。それが皆話合いの広場を広げます。

この考え方の芯になるもの，それはランガナタンの「人が育つことによって社会が進歩し，その社会がまた人を育てる。みんなが自分を育てる力を持つために教育がある。人はその教育を受ける権利を持ち，また誰もがその教育を受け入れる能力を持つ」という考えではないでしょうか。

そして，その人が育つ重要な手段として図書館があります。それを全世界の人たちに及ぼすために図書館協力があります。そしてその図書館の特質を明らかにし，それに基づいてそのあるべき姿を指し示したのがこの五法則です。

ヨーガシュワリ氏は私からの質問に答えて，次のように明快な答えを与えられました。それは：

　　図書館学の到達目標：《本は利用するためのものである》
ここから演繹されて，次の3法則が生まれた。
　《いずれの人にもすべて，その人の本を》
　《いずれの本にもすべて，その読者を》
　《読者の時間を節約せよ》
ダイナミックな世界の変化に対応するために，常に考える

べきことは:
　《図書館は成長する有機体である》
　ここまでの思考の過程の更新は次の図に基づいて行われる。
　"科学的方法の螺旋 (spiral)" [2]

　その図は次ページに掲げました。これは五法則の第2版の814節に示されていますが，この作図に参加したヨーガシュワリ氏の現在の意見によって，原図から Nadir, Ascendent, Zenith, Descendent の4語を省きました。

　この中心の螺旋は，科学的に検討すべき課題，つまりこの場合は五法則を含む図書館学です。それが螺旋で示されているのは，このテーマが人間の文化とともにあり，未来に向かっていくという時間的な長さと，それが常に回転してやまない，活動的な現象であることを示しています。

　その周囲の4項目は，1から始まって4に至り，また1に戻るという研究のプロセスです。五法則はこのプロセスから生まれ，このプロセスによって自らを更新するのです。

注
1) Yogeshwar, R. *S. R. Ranganathan*. p.390. の記述による。
2) Ranganathan. *The Five Laws*. 2nd. ed. p.360.

基本法則

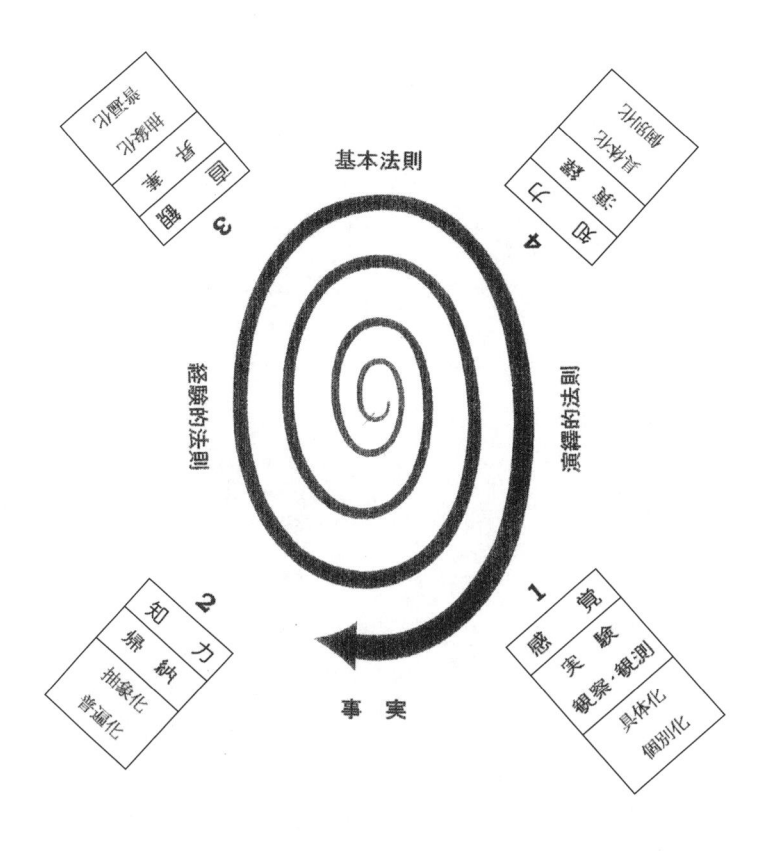

演繹的法則

経験的法則

事実

1 感覚
実験
観察・観測
具体化
個別化

2 知力
帰納
抽象化
普遍化

3 直観
暗喩
非理論化
背景化

4 知力
演繹
正体化
個別化

▲ランガナタン博士の令息ヨーガシュワリ氏
（p.36, 39, 41, 276 参照）

あとがき

　やっとここまで来ました。ランガナタン山の案内図を描くためには，本人がその山に登ってみなければなりません。そこでその登山，つまり原著を一語一語読み解くことを試みました。その結果は，案内図どころか，むしろ読者を迷わせるようなものになりました。そこで方針を変えました。ランガナタン先生の後について，その図書館を見学し，その説明を聞き，さらにその基本的な考え方の講義を聞いてノートをとる。そして一人になって，「今日の先生の話はなんだったのか，それを日本語で考えたら，表現したら，どうなるだろうか」と考える，ということにしました。その説明を何度も書き直して，本書がまとまりました。

　したがってこの内容は，『五法則』について私はこう受け取りました，という報告です。そこで読者のみなさんが，「ランガナタンの言うことを竹内はこう受け取った。本来はどうなのだろうか。完訳書から原著にさかのぼって確かめてみよう」とお考えくだされば幸いです。それによって原著者の考え方が，その時どきの新しさ，深さで読者に迫ると思うからです。図書館について学び始め，ランガナタン博士の考え方を聞いて何か深いものを感じとってから56年後に，そのための案内書として，本書をまとめることができました。このこと自体，得がたい幸せと思います。

　2009年12月の『図書』（岩波書店）の「こぼれ話」に，本当の

知識に至る道とは,「古典的な書物や文献」を「丁寧に訓みながら,そこに書かれている『経験』の意味をその内側にくぐって読み取る」という「読書」であると書かれていました。そしてそれは,「本当の知識への熾烈な飢え」に基づくといいます。図書館について考えるというのは,そういう読書に根ざすことなのだ,と思いました。

ランガナタン博士は,英国とインド,それに各国の図書館の状況を考察の対象とし,自らの「知的な飢え」を原動力として,「人が生きるために知識を獲得すること」を一生にわたって追求しました。それが博士の「図書館学」でした。その博士のさまざまな「経験」つまり,考察の仕方と内容,その具体的な表れとしての図書館活動,その新しい考えと行動とに対する人の反応などの意味を,その内側にくぐって読み取ることが,図書館を考える基礎の一つになるのではないでしょうか。

この小著を踏み台として,そういう読書と,それに基づく研究および図書館活動が進められることを期待したいと思います。

皆さんのご批判を待ちます。

図書館法制定 60 周年の日に,

竹内　悊

索引

ここには,「Ⅱ 図書館学の五法則」(p. 53-274) の中の事項と,その所在の節の記号,ページ番号を五十音順に排列しました。索引語の性質上,本文の言葉をもっと集約した表現にしている場合がありますので,ご了承ください。

【あ行】

新しい専門職のハンディキャップ
　………………………… 311 節 p.72
アメリカ図書館協会 ……… 311 節 p.130
イタリア …………………… 352 節 p.148
移動図書館 ………………… 232 節 p.107
　—インド最初の ………… 692 節 p.237
インド ……………………… 38 節 .p.153
英国 ………………………… 356 節 p.150
　—政府の消極性 ………… 356 節 p.150
オーストラリア …………… 361 節 p.151
オランダ …………………… 355 節 p.149

【か行】

カーネギー,アンドリュー
　………………………… 315 節 p.133
　—国際平和財団 ………… 313 節 p.133
　—図書館計画 …………… 356 節 p.150
開架制 …… 511-512 節 p.193, 743-745
　節 p.256
　—沿革 …………………… 514 節 p.194
　—商店との類似 ………… 513 節 p.193
　—亡失 …………………… 515-517 節 p.194
開館時間 …………………… 141 節 p.66
学習の梯子—貧民街から
　………………………… 217 節 p.97
貸出方法 …………………… 67 節 p.233-234
学校の心臓 ………………… 170 節 p.70
完全開架制　→開架制を見よ
教育
　—識字力の維持 ………… 418 節 p.165
　—支出 …………………… 418 節 p.170
　—世論形成 ……………… 418 節 p.167
　—本を通して …………… 224 節 p.103
教育以前に逆戻り ………… 333 節 p.138
教授法—新しい方向 ……… 273 節 p.119
公開書架　→開架制を見よ
広報 …… 236 節 p.111, 56 節 p.201-205
　—個々の図書館で ……… 564 節 p.202
　—全般的 ………………… 563 節 p.202
　—読者との直接対話 …… 564 節 p205
公立図書館と個人蔵書 …… 128 節 p.64

【さ行】

参考図書 ・・・・・・・・・・・・・・・・・ 477 節 p.183
　―選択 ・・・・・・・・・・・・・・・・ 463 節 p.177
自己保存という直感 ・・・・・・・・・ 216 節 p.96
州立中央図書館 ・・・・・・・・・・・ 445 節 p.174
　―基本的機能 ・・・・・・・・・ 446 節 p.174
生涯学習 ・・・・・・・・・・・・・・・・・ 271 節 p.118
少数民族―言語上の ・・・・・ 336 節 p.140
書架室内の案内 ・・・・・・・・ 63 節 p.223-225
書架の配置 ・・・・・・・・・・・・・・・ 624 節 p.222
職員
　―時間 ・・・・・・・・・・・・・・ 68 節 p.234-237
　―時間―国際協力 ・・・・・ 691 節 p.236
　―集中目録作業 ・・・・・・・ 691 節 p.235
　―図書館の立地 ・・・・ 134-136 節 p.65,
　　692 節 p.236-237, 841 節 p.237
書庫出納式　→閉架システムを見よ
書誌 ・・・・・・・・・・・・・・・・・・・・・ 476 節 p.182
　―雑誌記事索引 ・・・・・・・ 651 節 p.227
　―書誌の書誌 ・・・・・・・・・ 653 節 p.228
　―単行および累積書誌 ・・ 655 節 p.229
　―分出記入 ・・・・・・・・・・・ 654 節 p.228
女性差別 ・・・・・・・・・・・・・・・・・ 221 節 p.100
　―平等の主張 ・・・・・・・・・ 226 節 p.104
女性の教育権 ・・・・・・・・・・・・ 224 節 p.101
資料　→本を見よ
人口流出―都市から農村へ
　・・・・・・・・・・・・・・・・ 233-235 節 p.108-110
スウェーデン ・・・・・・・・・・・・・ 343 節 p.144
船員の読書と図書館
　・・・・・・・・・・・・・・・・・・・ 261-262 節 p.117

専門職の教育 ・・・・・・・・・・・・・ 172 節 p.72
外からは些細に見える ・・・・ 634 節 p.225
ソビエト連邦 ・・・・・・・・・・・・・・ 338 節 p.141

【た行】

大学卒業生へのサービス ・・・・・・・ 272 節 p.119
大学図書館システム ・・・・・・・・ 45 節 p.175
　―位置 ・・・・・・・・・・・・・・・ 453 節 p.176
　―大学理事会 ・・・・・・・・・ 452 節 p.176
　―調整 ・・・・・・・・・・・・・・・ 451 節 p.175
チェコスロバキア ・・・・・・・・・・ 336 節 p.139
中央図書館―郡立 ・・・・・・・・ 237 節 p.112
中国 ・・・・・・・・・・・・・・・・・・・・・ 373 節 p.153
中世インドの大学 ・・・・・・・・・・ 173 節 p.76
デンマーク ・・・・・・・・・・・・・・・・ 344 節 p.145
ドイツ ・・・・・・・・・・・・・・・・・・・・ 351 節 p.147
灯台職員 ・・・・・・・・・・・・・・・・・ 263 節 p.117
ドキュメンテーション ・・・・・・・・ 83 節 p.209
　―経済学とのかかわり
　　・・・・・・・・・・・・・・・・・・・ 831 節 p.210
　―国際・国内 ・・・・・・・・・ 843 節 p.239
　―本の形からの解放 ・・・・ 832-833 節
　　p.211-212
読者
　―貸出期限 ・・・・・・・・・・・ 483 節 p.185
　―貸出冊数 ・・・・・・・・・・・ 482 節 p.184
　―義務 ・・・・・・・・・・・・・・・ 48 節 p.184
　―禁帯出の範囲 ・・・・・・・・ 484-487 節
　　p.186-188
　―特例の基準 ・・・・・・・・・ 487 節 p.187

―図書館規則 ………… 481 節 p.184
読者と図書館員 ………… 175 節 p.78
読者との接触 …………… 542 節 p.199
読者と本の貸出 ……… 74 節 p.255-257
　　―安全対策 ……… 747-748 節 p.257
　　―閲覧室の大きさ …… 741 節 p.255
　　―開架制 ………… 743-745 節 p.256
　　―貸出業務の増大 …… 742 節 p.256
　　―平らな床 …………… 746 節 p.256
読者のグループ ………… 176 節 p.81
読者の立場に立つサービス …… 176 節 p.80
読者のためらい ………… 176 節 p.80
読者の多様な要求 ……… 177 節 p.82
都市と農村 ……………… 23 節 p.104
　　―差別 ………………… 231 節 p.105
図書館
　　―基本的な考え方 ……… 77 節 p.262
　　―建築の原則 ………… 717 節 p.251
　　―雑誌閲覧テーブル …… 715-716 節 p.250
　　―三要素 ……… 71-76 節 p.247-262
　　―時間との関係 … 692 節 p.236-237
　　―州・国の機能 ……… 444 節 p.173
　　―主題別専門化 ……… 443 節 p.173
　　―初期 ………… 761-764 節 p.261
　　―書庫・備品・増築 …… 712-714 節 p.248-250
　　―成長 ………… 71 節 p.247-251
　　―設立の可能性 ……… 441 節 p.172
　　―大学図書館 ………… 453 節 p.176

　　―第 3 の種 …………… 853 節 p.264
　　―第 4 の種 …………… 854 節 p.265
　　―第五法則の多様な意味 …… 85 節 p.263-265
　　―多様さ …………… 766 節 p.262, 85 節 p.263-265
　　―地域の知的サービス機関
　　　……………………… 177 節 p.83
　　―発展 ………… 76 節 p.260-262
　　―ファーミントン・プラン
　　　……………………… 855 節 p.266
　　―分類索引記入 ……… 856 節 p.266
　　―保存図書館 ………… 851 節 p.263
　　―有機体 ………… 76 節 p.260-262
　　―立地 ……………… 13 節 p.64-65
　　―利用中心図書館 …… 852 節 p.264
図書館員
　　……… 17 節 p.68, 75 節 p.257-260
　　―新しい専門職への無理解
　　　……………………… 172 節 p.72
　　―学識 ………………… 171 節 p.70
　　―館内の人事と会議 …… 753-755 節 p.259-260
　　―義務 ………………… 47 節 p.179
　　―協力（ミツバチの精神）
　　　……………………… 756 節 p.260
　　―資格 ………………… 170 節 p.69
　　―責任 ………………… 174 節 p.77
　　―専門的訓練 ………… 473 節 p.180
　　―専門分化 … 751-752 節 p.258-259
　　―地位 ………………… 173 節 p.74

索引………291

―適切な態度 ………… 175 節 p.78
　―読者を知る ………… 472 節 p.180
　―読書案内員 ………… 474 節 p.181
　―人のために働く
　　………… 177-178 節 p.84-85
　―本を知る …………… 475 節 p.181
　―本を知る本 ………… 475-478 節 p.182-184
　―レファレンス・サービス
　　………………………… 471 節 p.180
図書館員と心理学 …… 176 節 p.79, 81
図書館員と読者 ………… 175 節 p.77
図書館家具 ………………… 15 節 p.67
　―閲覧室関係 …………… 16 節 p.67
　―書架 …………………… 16 節 p.67
図書館業務
　―機械化 ……………… 844 節 p.240
　―集中化―分類・目録
　　………… 691 節 p.236, 841 節 p.237
図書館財政―資金 ……… 418 節 p.169
図書館財政の経済学 …… 412 節 p.162
図書館サービス
　―入口―新聞雑誌室 … 55 節 p.200
　―サービスに金銭供与 ……… 886 節 p.266
　―新識字者 …………… 338 節 p.142
図書館主管当局 ………… 111 節 p.62, 131-133 節 p.64, 203 節 p.94
　―館員を選ぶ …… 465-466 節 p.178
　―義務 …………………… 46 節 p.177
　―本の選択 … 461-464 節 p.177-179

図書館税 ………………… 412 節 p.161
　―住民の反応 ………… 413 節 p.162
　―反対の緩和 ………… 415 節 p.163
図書館長 ………… 175-177 節 p.78-84, 18 節 p.86
　―郡立 ………………… 236 節 p.110
　―現代 ………………… 127 節 p.63
　―広報 ………………… 236 節 p.111
　―最初の抵抗 ………… 238 節 p.112
　―住民を知る ………… 236 節 p.110
　―普及サービス ……… 236 節 p.111
　―本の選択 …………… 236 節 p.111, 464 節 p.178
　―問題の解決 ………… 634 節 p.225
図書館調査
　―南ア連邦 …………… 32 節 p.135
　―米国 ………………… 312 節 p.130
図書館と社会的サービス ……… 178 節 p.84
図書館とは何か ………… 203 節 p.93
図書館の基本的考え方 … 77 節 p.262
図書館の教育的価値 …… 203 節 p.93
図書館の大憲章―無料の原則
　………………………… 887 節 p.267
図書館を大きくする条件 ……… 177 節 p.84
図書ラベル …………… 633 節 p.224
富の神の支配 ………… 173 節 p.75

【な行】

日本 …………………… 371 節 p.152

農村図書館 ………… 233-235 節 p.109
　―組織化 ……………… 236 節 p.110
農民 …………………… 231 節 p.105
　―社会的視野 ……… 231 節 p.106
ノルウェー …………… 342 節 p.144

【は行】

ハワイ諸島 …………… 362 節 p.151
ハンガリー …………… 335 節 p.139
人という富 …………… 412 節 p.162
人のために働く ……… 178 節 p.85
フィンランド ………… 341 節 p.143
普及サービス ………… 236 節 p.111,
　57 節 p.205
　―お話の時間 ……… 577 節 p.208
　―識字力のない人に ………… 571 節
　　p.205
　―地域の知的センター ……… 574 節
　　p.206
　―展示 ……………… 576 節 p.208
　―読書サークル …… 573 節 p.206
　―図書館主催講演会 ……… 575 節
　　p.207
　―翻訳 ……………… 572 節 p.206
　―祭りと催し ……… 578 節 p.208
フランス ……………… 353 節 p.149
ブルガリア …………… 332 節 p.138
分類体系 …………… 73 節 p.253-255
　―コロン分類法 …… 733 節 p.254
　―十進記号 ………… 731 節 p.253
　―標準分類法 ……… 732 節 p.253

　―分類法の恣意的使用 …… 735 節
　　p.255
　―分類法の変更 …… 734 節 p.254
　―分類・目録作業の集中化
　　………………………… 841 節 p.237
閉架システム ………… 61 節 p.219-221
ベルギー ……………… 354 節 p.149
保存図書館 …………… 851 節 p.263
ポーランド …………… 337 節 p.140
本
　―新しいタイプ …… 82 節 p.229
　―視聴覚資料 ‥58 節 p.229, 236 節
　　p.111
　―少数者のため …… 203 節 p.94
　―選択 …… 236 節 p.131, 58 節 p.208
　　―無定見な ……… 581 節 p.209
　―増加（成長） …… 711 節 p.248
　―読者に …………… 541 節 p.199
　―排架 …… 52 節 p.195-196, 62 節
　　p.221-223
　―保存 …………… 121-126 節 p.63
　―無定見な ………… 581 節 p.209
　―利用 …………… 121-126 節 p.63
本の流れ―アイデアとともに
　………………………… 231 節 p.106

【ま行】

マーケッティング …… 231 節 p.106
迷えるスペシャリストのための本
　………………………… 827 節 p.123
万華鏡 ………………… 543 節 p.199

メキシコ................ 313 節 p.132
目録 ..... 478 節 p.183, 53 節 p.196-198
　―叢書名で探す........ 532 節 p.197
　―分類分出記入 .... 533 節 p.197
　―目録係員..... 534 節 p.198, 643 節 p.226
目録記入.................64 節 p.225-227
　―研究上の不利 .... 645 節 p.227
　―分業.................. 646 節 p.227
　―浪費の繰返し .... 644 節 p.226
目録室と目録の形態 ....721-727 節 p.251-253

【や行】

ユーゴスラビア .... 334 節 p.139
読み聞かせ―識字力を持たない人に..................... 571 節 p.205

【ら行】

流通以前の分類・目録 ... 842 節 p.238
利用を主とする図書館 .... 852 節 p.264
ルーマニア .... 333 節 p.138
レファレンス・サービス
　....... 471 節 p.180, 54 節 p.198-200, 66 節 p.229-233
　―館員の資質............ 662 節 p.231
　―個別調査.............. 544 節 p.200
　―読者との接触 .... 664 節 p.232
　―読者の範囲............ 664 節 p.232
　―二つのタイプ .... 661 節 p.230
　―本を読者に............ 541 節 p.199
　―万華鏡 .... 543 節 p.199
　―ライプチヒ .... 351 節 p.148

■執筆者紹介

竹内　悊（たけうち，さとる）

　1927 年　東京郊外に生まれる
　1956 年　東洋大学司書講習修了
　1965 年　フロリダ州立大学（米国）図書館学大学院修士課程
　　　　　修了。マスター・オブ・サイエンス
　1979 年　ピッツバーグ大学（米国）図書館情報学大学院博士
　　　　　課程修了。ドクター・オブ・フィロソフィ
　1954-55 年　世田谷中・高等学校図書館に勤務
　1956-66 年　立正大学図書館司書，67-68 年　文学部講師（図書
　　　　　　館学担当）
　1969-80 年　専修大学文学部講師，助教授，教授（図書館学担当）
　1981-86 年　図書館情報大学教授，東京大学教育学部講師併任
　1987-93 年　図書館情報大学副学長，附属図書館長，93 年退官
　1998 年　日本図書館協会顧問
　2001 年　日本図書館協会理事長，2005 年退任，現在顧問

著書

『図書館学の教育』（編著）日外アソシエーツ　1983 ／『コミュニティと図書館』（編著）雄山閣　1995 ／『ストーリーテリングと図書館』（編訳）日本図書館協会　1995 ／『図書館のめざすもの』（編訳）日本図書館協会　1997 ／『人の自立と図書館』講演集　久山社　2004 ／『共生する子どもと図書館』　講演集　久山社　2005

論文

「比較図書館学について」『図書館学の研究方法』日外アソシエーツ　1982 ／「青柳文庫について」『図書館情報大学研究報告』12 巻 1 号　1993 ／ "Bunko, Local Activities to Develop Children's Reading Interests in Japan." Writer and Illustrator, 1993. ／「図書館の備品・用品」『大倉山論集』第 52 輯　2006 ／ "Early Book Paths: From China and Korea to Japan, As A Preface to Library Cooperation." ／国際図書館連盟年次大会東アジア地域学術情報流通分科会（2006, ソウル）での基調講演

視覚障害者その他活字のままではこの本を利用できない人のために，日本図書館協会及び著者に届け出る事を条件に音声訳（録音図書）及び拡大写本，電子図書（パソコンなど利用して読む図書）の製作を認めます。但し，営利を目的とする場合は除きます。

EYE LOVE EYE

◆ JLA 図書館実践シリーズ　15

図書館の歩む道
ランガナタン博士の五法則に学ぶ

2010 年 4 月 30 日　　初版第 1 刷発行 ©
2016 年 6 月 1 日　　初版第 3 刷発行

定価：本体 2000 円（税別）

解　説：竹内　悊
発行者：公益社団法人　日本図書館協会
　　　　〒104-0033　東京都中央区新川1-11-14
　　　　Tel 03-3523-0811㈹　Fax 03-3523-0841
デザイン：笠井亞子
印刷所：イートレイ㈱　　Printed in Japan
JLA201606　　ISBN978-4-8204-1000-3
本文の用紙は中性紙を使用しています。

JLA 図書館実践シリーズ　刊行にあたって

　日本図書館協会出版委員会が「図書館員選書」を企画して 20 年あまりが経過した。図書館学研究の入門と図書館現場での実践の手引きとして，図書館関係者の座右の書を目指して刊行されてきた。

　しかし，新世紀を迎え数年を経た現在，本格的な情報化社会の到来をはじめとして，大きく社会が変化するとともに，図書館に求められるサービスも新たな展開を必要としている。市民の求める新たな要求に対応していくために，従来の枠に納まらない新たな理論構築と，先進的な図書館の実践成果を踏まえた，利用者と図書館員のための出版物が待たれている。

　そこで，新シリーズとして，「JLA 図書館実践シリーズ」をスタートさせることとなった。図書館の発展と変化する時代に即応しつつ，図書館をより一層市民のものとしていくためのシリーズ企画であり，図書館にかかわり意欲的に研究，実践を積み重ねている人々の力が出版事業に生かされることを望みたい。

　また，新世紀の図書館学への導入の書として，一般利用者の図書館利用に資する書として，図書館員の仕事の創意や疑問に答えうる書として，図書館にかかわる内外の人々に支持されていくことを切望するものである。

2004 年 7 月 20 日
日本図書館協会出版委員会
委員長　松島　茂

図書館員と図書館を知りたい人たちのための新シリーズ！
JLA 図書館実践シリーズ 既刊20冊，好評発売中

（価格は本体価格）

1. **実践型レファレンスサービス入門　補訂版**
   斎藤文男・藤村せつ子著／203p／1800円
2. **多文化サービス入門**
   日本図書館協会多文化サービス研究委員会編／198p／1800円
3. **図書館のための個人情報保護ガイドブック**
   藤倉恵一著／149p／1600円
4. **公共図書館サービス・運動の歴史 1　そのルーツから戦後にかけて**
   小川徹ほか著／266p／2100円
5. **公共図書館サービス・運動の歴史 2　戦後の出発から現代まで**
   小川徹ほか著／275p／2000円
6. **公共図書館員のための消費者健康情報提供ガイド**
   ケニヨン・カシーニ著／野添篤毅監訳／262p／2000円
7. **インターネットで文献探索　2016年版**
   伊藤民雄著／204p／1800円
8. **図書館を育てた人々　イギリス篇**
   藤野幸雄・藤野寛之著／304p／2000円
9. **公共図書館の自己評価入門**
   神奈川県図書館協会図書館評価特別委員会編／152p／1600円
10. **図書館長の仕事　「本のある広場」をつくった図書館長の実践記**
    ちばおさむ著／172p／1900円
11. **手づくり紙芝居講座**
    ときわひろみ著／194p／1900円
12. **図書館と法　図書館の諸問題への法的アプローチ**
    鑓水三千男著／308p／2000円
13. **よい図書館施設をつくる**
    植松貞夫ほか著／125p／1800円
14. **情報リテラシー教育の実践　すべての図書館で利用教育を**
    日本図書館協会図書館利用教育委員会編／180p／1800円
15. **図書館の歩む道　ランガナタン博士の五法則に学ぶ**
    竹内悊解説／295p／2000円
16. **図書分類からながめる本の世界**
    近江哲史著／201p／1800円
17. **闘病記文庫入門　医療情報資源としての闘病記の提供方法**
    石井保志著／212p／1800円
18. **児童図書館サービス 1　運営・サービス論**
    日本図書館協会児童青少年委員会児童図書館サービス編集委員会編／310p／1900円
19. **児童図書館サービス 2　児童資料・資料組織論**
    日本図書館協会児童青少年委員会児童図書館サービス編集委員会編／322p／1900円
20. **「図書館学の五法則」をめぐる188の視点　『図書館の歩む道』読書会から**
    竹内悊編／160p／1700円